Pfaffenwinkel Fünfseenland

mit Starnberger See und Ammersee

Siegfried Garnweidner

 GPX-Daten zum Download

www.kompass.de/gpx

Kostenloser Download der GPX-Daten der im Wanderführer enthaltenen Wandertouren. Mehr Informationen auf Seite 3.

▶ AUTOR

Siegfried Garnweidner • ist zu allen Jahreszeiten mit Tourenski, Mountainbike und Wanderstiefeln unterwegs und hat mehr als 3000 Touren durchgeführt. Er ist Autor von mehr als 50 Wander- und Bergbüchern und fotografiert mit großer Begeisterung unsere schönen Landschaften. Im KOMPASS-Verlag sind von ihm eine Reihe von Wanderführern und Wanderatlanten und ein Großer Skitourenatlas erschienen.

▶ VORWORT

Willkommen im Pfaffenwinkel und im Fünfseenland!

Es ist kaum zu glauben, welche Vielfalt an Landschaftsbildern, stillen Winkeln, gut ausgebauten Freizeitgebieten, kulturellen und architektonischen Glanzlichtern, Seen und Flüssen, Bergen und sanften Hügeln, zünftigen Wirtshäusern und Biergärten der Pfaffenwinkel und das Fünfseenland bieten.

In diesem Wanderführer finden Sie 60 Anregungen zu spannenden, entspannenden, erlebnisreichen oder beschaulichen Unternehmungen, lange, einsame Touren in interessanter Landschaft, oder Wanderungen für Kulturfreunde, die sich die Schätze dieser wunderbaren Gegend ansehen möchten.

Da es meistens interessanter und schöner ist, auf einem Weg hin- und auf einem anderen wieder zurückzugehen, sind die Routen soweit möglich und sinnvoll als Rundwanderungen vorgestellt. Mit der S-Bahn lässt sich das Erholungsgebiet vor allem im Fünfseenland schnell und stressfrei erreichen. Viele der Ausgangs- und Zielpunkte der vorgestellten Touren liegen an Haltestellen der S-Bahn oder anderen öffentlichen Verkehrsmitteln. Darauf habe ich besonders geachtet.

Allen, die sich im prächtigen Fünfseenland und im Pfaffenwinkel erholen wollen, wünsche ich viele schöne Erlebnisse, erholsame Stunden und immer eine gesunde Rückkehr.

Ihr

Siegfried Garnweidner

Für Navigationsgeräte und Apps haben wir auf unserer Webseite alle Touren im GPX-Format zum Download bereitgestellt:

www.kompass.de/gpx

Hier findet man alle weiteren Informationen. Einfach das richtige Produkt auf der Seite auswählen, die Daten herunterladen und auf das Zielgerät oder in die gewünschte App importieren.

Mehrwert mit Spaßfaktor: Ob vorab zur Planung, als Sicherheit für unterwegs oder zum Erinnern und Archivieren der gegangenen Tour. Die digitale Wanderroute ist in vielerlei Hinsicht wertvoll. Ein Blick auf die Daten hilft Neues zu entdecken und liefert Inspirationen für die nächsten Touren. Alle Wandertouren aus diesem Führer stehen im GPX-Format kompakt und genau zur Verfügung.

Was ist ein GPX-Track? GPX ist ein Datenformat für Geodaten. Das Wort GPS steht für Global Positioning System (Globales Positionsbestimmungssystem). Mit einem GPX-Track bekommt man die rote Linie, also den Wanderpfad, als geografische Koordinaten.

N 47° 24' 50.0076"
E 10° 20' 48.0336"

N 47° 23' 35.9988"
E 10° 22' 50.9988"

INHALT UND TOURENÜBERSICHT

AUFTAKT

Tour		Seite	
01	Steingassenberg · 624 m	22	
02	Stegen – Breitbrunn · 601 m	25	
03	Windach – Finning · 644 m	28	
04	Schondorf – Dießen · 573 m	32	
05	Windachspeicher · 650 m	35	
06	Jungfernberg · 694 m und Schatzberg · 677 m	38	
07	Weßlinger See – Pilsensee – Wörthsee · 630 m	41	
08	Hechendorf – Herrsching · 622 m	45	
09	Mühltal – Reismühl · 640 m	48	
10	Hanfeld – Alersberg – Hadorf · 699 m	50	

Am Westufer des Wesslinger Sees.

ANHANG

km	h	hm	hm	⚑	🚌	🚠	🍴	⛺	❄	🚲	🛏	Karte
9,3	3:00	120	120	✓	✓		✓		✓			180
13,3	4:30	220	220	✓	✓		✓		✓	✓		180
13,5	3:45	150	150	✓	✓				✓			180
14,7	3:30	100	100	✓	✓		✓		✓	✓		180
7,9	2:30	140	140	✓					✓			180
9,8	3:00	260	260	✓			✓		✓			180
22,3	6:30	330	330	✓	✓		✓		✓	✓		180
15	4:00	150	150	✓	✓		✓		✓	✓		180
6,9	1:45	80	80	✓	✓				✓	✓		180
10,1	2:30	80	80		✓				✓	✓		180

INHALT UND TOURENÜBERSICHT

km	h	hm	hm	🅿	🚌	🚠	🍴	⛰	❄	🚲	🛏	Karte
11,6	3:00	150	150		✓					✓	✓	180
8,8	2:30	280	280		✓		✓			✓	✓	180
7,1	2:00	40	40		✓		✓			✓	✓	180
15,9	4:00	120	120		✓		✓			✓	✓	180
12,4	3:00	200	200	✓	✓					✓	✓	180
9,3	2:30	130	130	✓	✓					✓	✓	180
9,4	3:00	70	70	✓	✓		✓			✓	✓	180
9,2	2:30	170	170	✓			✓			✓	✓	180
5,8	1:30	100	100	✓	✓					✓	✓	180
12,7	3:45	180	180		✓		✓			✓	✓	180
16,3	4:15	300	300	✓			✓			✓	✓	180
12,1	3:15	190	190	✓	✓		✓			✓	✓	180
10,5	2:45	60	60	✓	✓		✓			✓	✓	180
8,8	2:30	70	70	✓	✓					✓	✓	180
11,9	3:30	170	170	✓	✓		✓			✓		180
9,7	2:30	80	80	✓	✓		✓			✓	✓	180
11,1	3:00	250	250		✓					✓		180
10,6	3:00	150	150	✓	✓					✓		180
14	4:00	220	220	✓	✓					✓	✓	180
10,1	3:15	210	210	✓			✓			✓	✓	180
11,1	3:00	40	40	✓	✓					✓	✓	180
9	2:45	170	170	✓			✓			✓	✓	180
11,3	3:15	150	150	✓			✓			✓	✓	180
11,6	3:00	50	50	✓	✓		✓			✓	✓	182
10	3:00	20	20	✓	✓					✓	✓	182

INHALT UND TOURENÜBERSICHT

km	h	hm	hm	🅿	🚌	🚠	🍴	🔺	❄	🚲	🛏	🚪	Karte
11,9	3:30	350	350	✓			✓		✓				179
12	3:45	190	190		✓		✓		✓	✓			180
12,8	3:30	100	100	✓	✓				✓	✓			180
10,9	2:45	170	170	✓	✓		✓		✓	✓			179
4,8	1:45	230	230	✓	✓			✓	✓				179
9,6	3:30	370	370	✓	✓				✓				179
10,5	2:45	170	170	✓					✓	✓			179
13,7	3:45	300	300	✓	✓				✓				180
10,8	5:00	570	570	✓				✓					179
14,5	4:15	420	420	✓	✓		✓		✓				180
10	2:45	180	180		✓				✓	✓			179
8	3:00	300	300	✓	✓		✓	✓					179
9,8	3:15	160	160	✓	✓				✓				179
10,9	3:15	260	260	✓			✓		✓				179
10,6	2:45	330	330	✓	✓		✓		✓				179
11,3	3:30	370	370	✓	✓		✓		✓				179
14,2	3:30	390	390	✓	✓				✓	✓			179
10,7	4:15	500	500	✓									179
14,5	3:15	270	270		✓		✓		✓	✓			7
10,4	2:45	140	140	✓	✓		✓		✓				179
17,2	4:45	340	340	✓	✓		✓		✓	✓			7
21,5	5:00	200	200	✓	✓		✓		✓	✓			7
6,8	2:00	230	230	✓	✓				✓	✓			179
10,1	3:00	100	100	✓	✓		✓		✓				7
9,0	2:45	210	210		✓		✓		✓				6

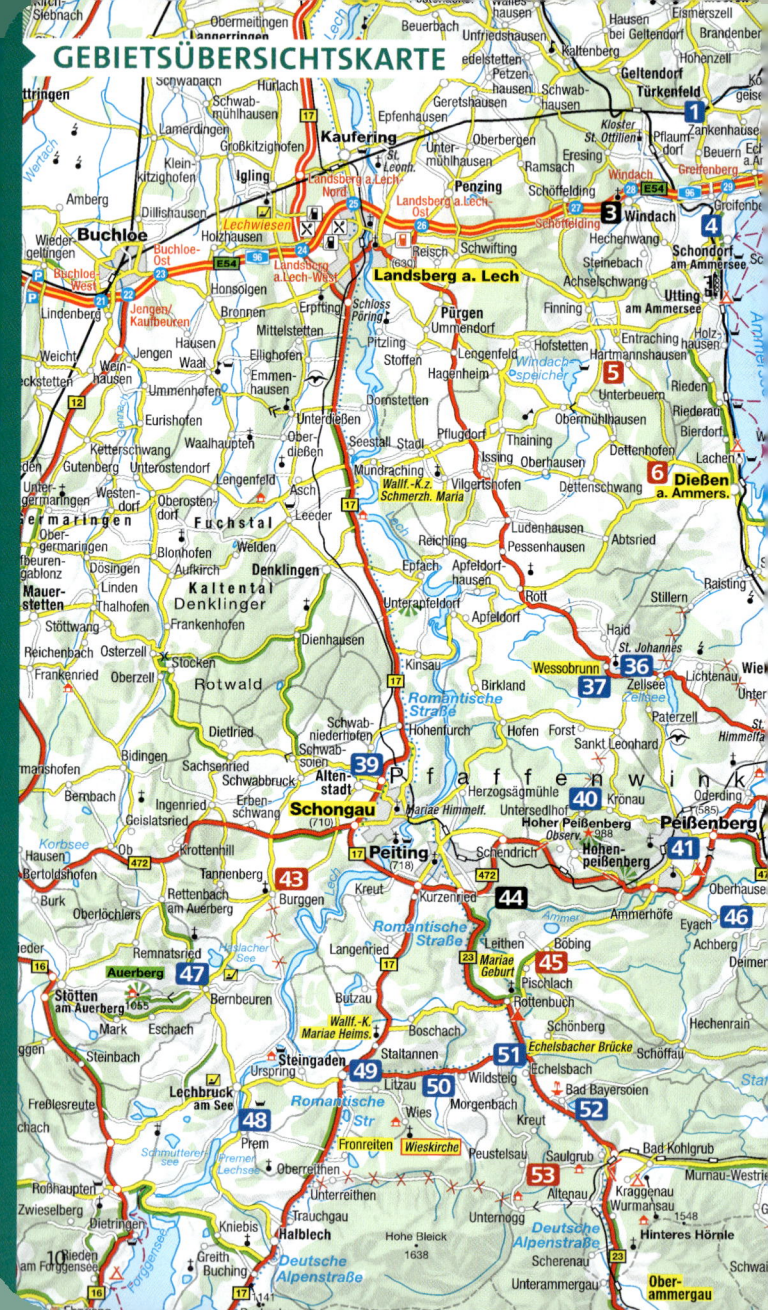

GEBIETSÜBERSICHTSKARTE

Pfaffenwinkel

In keiner anderen Region Deutschlands gibt es eine so große Dichte an Klöstern wie im Pfaffenwinkel. Vielleicht war das der Grund, dass der Raistinger Dorfpfarrer Franz Sales Gailer im 18. Jahrhundert den Begriff Pfaffenwinkel geprägt hat.

Oder er hat an die vielen Wallfahrtskirchen in diesem schönen Voralpenbezirk gedacht, oder an die Stuckateure der Wessobrunner Schule oder an das Wessobrunner Gebet, dem ältesten Dichterwerk in deutscher Sprache.

Eines jedenfalls steht fest: Diese prächtige Gegend, die geprägt ist von Rokokokirchen von hohem künstlerischem Rang, vom allgegenwärtigen Alpenblick, von weiten Mooren und sanften Hügeln, gehört zu den schönsten deutschen Landschaften. Und sie bietet nicht nur dem Liebhaber sakraler Kunst ein reiches Feld, auch der Wanderer, der diese Schätze zu Fuß erreichen will, kann stundenlang durch liebliche Gegenden stromern und sich so die Ziele erarbeiten.

Kloster Reutberg.

Beim Badeplatz am Nordostufer des Großen Ostersees mit Blick auf Herzogstand und Heimgarten.

Fünfseenland

Die wunderschöne Gegend des Fünfseenlandes, in die der Pfaffenwinkel nahtlos übergeht, präsentiert sich mit den schönsten Seen, die das Oberland zu bieten hat, sanften Moränenhügeln, zahlreichen Mooren, tiefen Wäldern, blitzsauberen Orten und einem Freizeit- und Erholungsangebot, das geradezu überwältigend ist, kurzum, mit einer Märchenlandschaft wie sie im Bilderbuch nicht brillanter sein kann. Die meisten Besucher werden von den großen Seen angelockt, denn sie bieten Badegelegenheiten im Sommer, die Möglichkeit zum Eislaufen in strengen Wintern, zahlreiche Uferwege für ausgedehnte Spaziergänge oder Radtouren, Schifffahrt auf den großen Seen, schöne Biergärten und Seerestaurants, also alles, mit dem sich der Stress geplagte Mensch wieder regenerieren und erholen kann. Vornehmlich die Münchner Bevölkerung schätzt das Fünfseenland schon seit langem für Wochenendbesuche.

AUSRÜSTUNG

Im Gelände müssen wir für jedes Wetter gerüstet sein. Leichte Sommerkleidung für strapaziöse Touren in sonnigen Gebieten oder schattenfreien Routenetappen, also kurze Hosen und ein luftiges T-Shirt (noch eines zum Wechseln) und ein Sonnenschutz für den Kopf gehören ebenso dazu wie warme Kleidung bestehend aus langer Hose, Fleece-Jacke oder Pullover, Handschuhe, warmer Mütze und natürlich Regenbekleidung. Besonders wichtig ist festes Schuhwerk mit griffiger Profilsohle. Proviant brauchen wir natürlich auch, selbst wenn auf der Route Gasthäuser stehen. Manche Wirtshäuser haben Ruhetag oder sind aus anderen Gründen geschlossen und eine schöne Brotzeit wollen wir uns ja auch nicht entgehen lassen. Die Brotzeit richten wir nach den persönlichen Wünschen her. Obst sollte allerdings nicht fehlen und ausreichend Getränke, aber bitte keinen Alkohol, auch wenn ein kühles Bierchen unter schattigen Kastanien schon

Am Starnberger See, links die Roseninsel.

ein besonderer Hochgenuss sein kann.

Für die Sicherheit sollten wir im Gepäck eine Rucksackapotheke und ein Handy haben, um notfalls schnelle Hilfe holen zu können, wenn Funkverbindung besteht.

Wenn die Sonne im Sommer flirrt, muss man sich entsprechend schützen. Ein Sonnenhut alleine reicht nicht. Für die Haut und die Lippen brauchen wir Cremes mit entsprechend hohem Lichtschutzfaktor.

Gerade für die verwegeneren Routen sollte man einen Kompass dabei haben, damit die Standortbestimmung leichter fällt. Das alles stecken wir in einen Rucksack, der gut sitzen soll.

GPX

Bei allen Tourenköpfen sind die Koordinaten der Ausgangspunkte im dezimalen Gauß-Krüger-Format angegeben, damit sich die Startpunkte der Touren mit Hilfe eines Navigationsgeräts finden lassen.

Die GPX-Tracks aller Touren kann man kostenlos unter www.kompass.at/wanderfuehrer herunterladen.

ALLGEMEINE TOURENHINWEISE

SCHWIERIGKEITSBEWERTUNG

Bei den Tourenvorschlägen ist stichpunktartig auf die Schwierigkeiten hingewiesen, die normalerweise zu erwarten sind. Die Wetterverhältnisse, Naturereignisse (wie Sturm, Unwetter u. ä.) können jedoch für Überraschungen sorgen. Starker Regen kann Wege wegschwemmen, Hänge können abrutschen, Bäume oder ganze Wälder umstürzen. Es gibt viele Möglichkeiten, unter denen Wege und Pfade leiden. Im Gebirge ist das Risiko dafür deutlich höher als im Flachland.

Rohrkolben in den Angerfilzen.

DIE SCHWIERIGKEITSBEWERTUNG DER EINZELNEN ROUTEN

■ LEICHT

Diese Wanderungen sind einfach. Sie verlaufen auf Forststraßen oder guten Wegen.

■ MITTEL

Touren dieser Art sind von gut trainierten Wanderern ohne besonderes Training zu schaffen. Mitunter verlaufen die Routen auf unmarkierten Etappen, die etwas Orientierungsgabe verlangen.

■ SCHWER

Routen dieser Kategorie sind anspruchsvoll. Sie eignen sich nur für erfahrene Wanderer mit guter körperlicher Verfassung. Die Routen verlaufen zum Teil über längere Strecken in abgeschiedenem, unerschlossenem, weglosem und unmarkiertem Gelände.

 MEINE LIEBLINGSTOUR

Hartkapelle und Pähler Schlucht

Bevor man zu dieser Rundwanderung aufbricht kann man es sich im Café beim Hofgut Kerschlach richtig gut gehen lassen. Mit dem Einkauf im Hofladen sollte man allerdings bis zum Ende der Tour warten.

Nach einer einfachen Waldwanderung zur verschwiegenen Hartkapelle kommt man am idyllischen Hochschlossweiher vorbei, wo es sogar einige stille Badeplätze gibt. Dann geht es hinter dem Hochschloss in die wilde Pähler Schlucht hinab. Hin und wieder wird man sogar über den Bach springen müssen, und wenn das nicht geht, meistert man die Schwierigkeiten barfuß. Wild aufragende Felsenwände begleiten den begeisterten Wanderer, bis er schließlich das Ende der Schlucht mit dem eindrucksvollen Wasserfall erreicht. Besonders imponierend sieht dieser Wasserfall im Winter aus, wenn er zu einer riesigen Eissäule erstarrt ist. Allerdings verlangt der Zustieg durch die Schlucht in der kalten Jahreszeit besondere Ausrüstung (Steigeisen oder Grödel).

Ausklingen lässt man die Tour mit einem beschaulichen Rückweg nach Kerschlach (Tour 18).

Tümpel im Wald bei der Hartkapelle in der Nähe von Kerschlach.

⭐ **1: Maisinger See:** Kurzweilige Wanderung für alle Jahreszeiten. Nach spannender Schluchtwanderung und zünftiger Einkehrmöglichkeit kann man am Maisinger See im Sommer baden und im Winter Eislaufen oder Eisstockschießen.
→ Tour 14, Seite 63

⭐ **2: Bernrieder Park:** Bei dieser beschaulichen Rundwanderung gibt es neben relativ stiller Badegelegenheit im Starnberger See auch ein kulturelles Glanzlicht – die St.-Martins-Kirche in Bernried. → Tour 23, Seite 91

⭐ **3: Osterseen:** Am Südende des Starnberger Sees finden wir die Eiszerfallslandschaft Osterseen, ein Gebiet, das nicht nur als wertvolles Biotop unter Naturschutz steht, es zählt auch zu den schönsten Geotopen Bayerns, ist also auch ein geologisches Glanzlicht. → Tour 31, Seite 114

⭐ **4: Schnalz:** Diese aufregende und lange Rundtour im Naturschutzgebiet Ammerleiten bleibt unerschrockenen Pfadfindern vorbehalten, die ein gutes Orientierungsvermögen besitzen. Höhepunkte sind die geologisch wertvollen Sandsteinhöhlen mit der Teufelsküche.
→ Tour 44, Seite 151

⭐ **5: Aidlinger Höhe:** Nicht zu lange, ausgesprochen schöne und panoramareiche Wanderung am Alpenrand mit einmaligen Ausblicken über den Riegsee auf die Alpenkette.
→ Tour 58, Seite 195

2

3

4

Die Ostseite des Auerbergs.

STEINGASSENBERG • 624 m

Von Türkenfeld nach St. Ottilien

 9,3 km 3:00 h 120 hm 120 hm 180

START | S-Bahnhof Türkenfeld, 599 m
[GPS: Breite N 48.104769° Länge E 011.077316°]
CHARAKTER | Grundsätzlich einfache Rundwanderung. Allerdings gibt es ein paar Waldetappen, die gutes Orientierungsvermögen verlangen.

▶️ Vom **S-Bahnhof Türkenfeld** 01 gehen wir auf die Südseite der Bahnstrecke und biegen auf die St.-Ottilien-Straße ein. Auf ihr gehen wir zum Ortsrand von Türkenfeld und treffen auf den Brandwald. Dort halten wir uns rechts und sogleich schräg links in den Wald hinein. Bei der Infotafel des Türkenfelder Walderlebnispfades geht man geradeaus auf einem guten **Waldweg** 02 weiter und gegen Südwesten durch den schönen Wald dahin.

Bei einer **Kapelle** 03 am Waldrand erreicht man einen Rastplatz und wieder die Asphaltstraße, der man neben dem Wald Buchet nach Südwesten bis zur **Verzweigung** 04 hinter der Kiesgrube Pflaumdorf folgt. Bei der Straßengabelung halten wir uns rechts, gehen wieder in den Wald hinein und ein wenig abwärts. Am Ende des Waldes stoßen wir zu einer Verzweigung, wo wir uns rechts halten. Schon bald kann man links neben der Autostraße auf einen

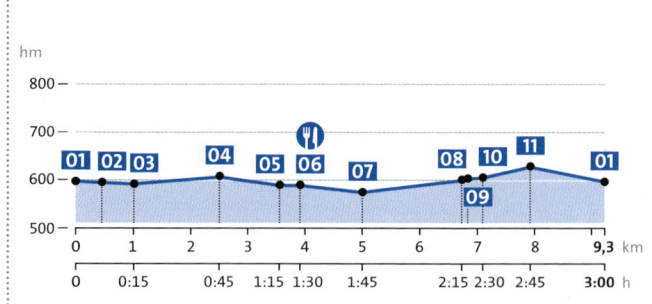

01 S-Bahnhof Türkenfeld, 599 m; 02 Waldweg, 598 m; 03 Kapelle, 597 m; 04 Verzweigung, 604 m; 05 Sankt Ottilien, 592 m; 06 Emminger Hof, 592 m; 07 Bahnunterführung, 576 m; 08 Forstwegekreuzung, 600m; 09 Waldweiher, 602 m; 10 Forststraße, 604 m; 11 Steingassenberg, 624 m

Fußweg ausweichen, dem man über das Bahngleis bis **Sankt Ottilien** `05` folgt.

Nach der Besichtigung der Klosteranlage und der Klosterkirche statten wir noch dem Wirtshaus **Emminger Hof** `06` einen Besuch ab und gehen nach Osten, dann nach Norden am Hofladen vorbei und auf einer schnurgeraden Allee aus Sankt Ottilien hinaus. Kurz vor Geltendorf wandern wir durch die **Bahnunterführung** `07` und auf dem Guggenbergweg bis zum Waldrand, wo man rechts abzweigt.

Anschließend folgen wir Feld- und Waldwegen am Guggenberg nördlich vorbei, queren eine Autostraße und halten uns gleich hinter ihr schräg links, um auf einem Forstweg in das Pleitmannswanger Holz zu gehen.

Winterwald bei St. Ottilien.

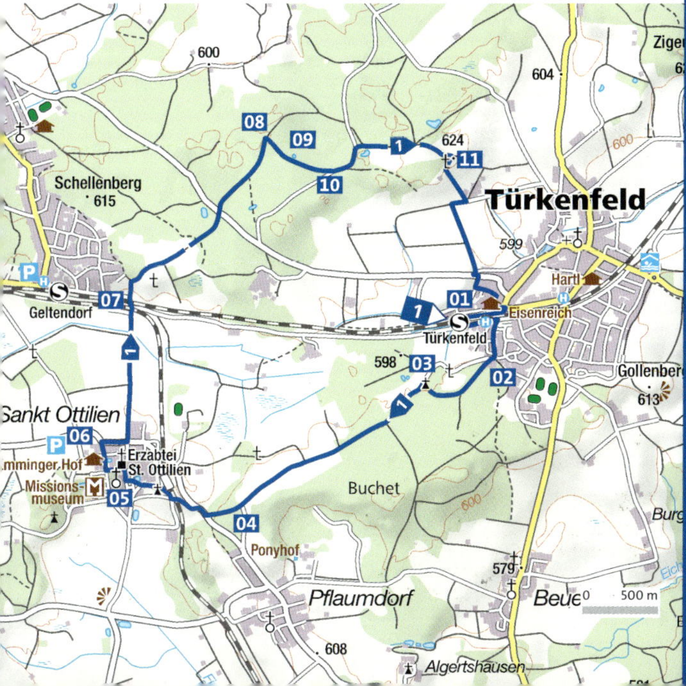

Die Erzabtei Sankt Ottilien

Mindestens seit dem Jahr 1365 gibt es die Wallfahrt zur Heiligen Ottilia in Emming. Der Ort wurde zu einem Herrensitz ausgebaut und es wurde die Ottilienkapelle und ein kleines Schloss errichtet. Im Jahr 1884 wurde das Schloss abgerissen, die Kapelle ist aber noch erhalten. Andreas Amrhein erwarb den Weiler Emming und gründete 1887 das Benediktiner-Missionskloster St. Ottilien. Schon im Jahr 1902 wurde Sankt Ottilien zur Abtei erhoben und 1914 wurde es Erzabtei der Missionsbenediktiner. Außer den Missionsaufgaben und Entwicklungshilfe in Ländern der Dritten Welt führt das Kloster eine große Landwirtschaft, ein Exerzitienhaus und einen Verlag. Dem Gymnasium sind ein Tagesheim und ein Internat angeschlossen und etliche Handwerksbetriebe. Außerdem gibt es einen Sportplatz und einen Jungendzeltlagerplatz.

Bei einer **Forstwegekreuzung** 08 biegen wir schließlich rechts ab und gehen auf Traktorspuren bis zu einem kleinen **Waldweiher** 09. Gleich neben ihm finden sich mitten im Wald etliche bronzezeitliche Hügelgräber. Im weiteren Verlauf kommen wir wieder zu einer **Forststraße** 10, halten uns links, bei der nächsten Verzweigung rechts und gleich darauf wieder rechts. Anschließend folgen wir dem Waldrand, drehen nach rechts ab, um über eine Wiese zum **Steingassenberg** 11 anzusteigen. Auf dem Berg scharf rechts abbiegen, am Steingassenkreuz vorbei und nach links am Rande des Wildgeheges einen flachen Hang bis zu einem Querweg hinunter. Auf den Querweg rechts einbiegen, bei der nächsten Abzweigung links und zum Ortsrand von Türkenfeld. Dort auf dem Duringveld links in den Siedlungsbereich einbiegen und durch ihn bis zum S-Bahnhof, wo man den **Ausgangspunkt** 01 wieder erreicht.

St. Ottilien.

STEGEN – BREITBRUNN • 601 m

Zwischen Ammersee und Wörthsee

  13,3 km 4:30 h 220 hm 220 hm 180

START | Stegen, Fischerwirt, 530 m
[GPS: Breite N 48.077106° Länge E 011.136048°]
CHARAKTER | Interessante, unschwierige Rundwanderung mit längeren Waldetappen bis Breitbrunn und einem großartigen Seeuferweg zurück nach Stegen.

Vom **Fischerwirt in Stegen** 01 geht es erst einmal auf der Landsberger Straße nach Südosten am Badegelände entlang. Man folgt dem Seeuferweg, bis nach links die Bergstraße abzweigt. Auf ihr ziemlich steil nach Osten hinauf, bei der Kreuzung auf der Scheitelstrecke schräg links abbiegen, in einem Rechtsbogen auf der Schornstraße zum Sportzentrum hinab und weiter zur Staatsstraße 2067. Diese queren wir beim Supermarkt und folgen der Straße „Obere Mühle", von der wir hinter der Brücke rechts abbiegen. Wir wählen den linken der beiden Kieswege, der auf einem Hang ansteigt. Man kommt an einem kleinen Waldweiher vorbei und hält sich bei der Einmündung auf freiem Feld rechts. Dann geht es auf einem Steg über den kristallklaren Inninger Bach, in den Wald hinein und zu einem Sträßchen. Dieses queren wir schräg rechts und folgen einem Wurzelweg nach links zum Kühberg. Bei der folgenden Kreuzung auf einem flachen Wegstück geradeaus weiter und auf einem Forststräßchen nach Süden dahin.

Auf dem **Kühberg** 02 geht es am Waldrand entlang zur Staatsstra-

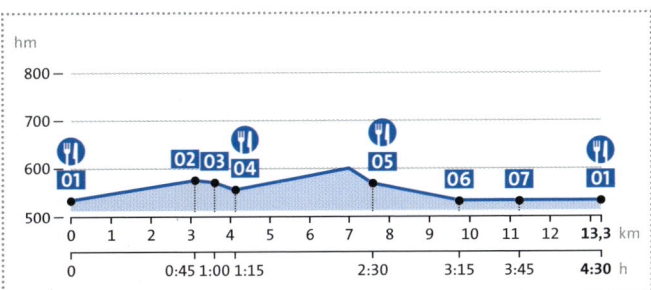

01 Stegen, 530 m; 02 Kühberg, 575 m; 03 Bachern, 568 m;
04 Wörthsee, 555 m; 05 Breitbrunn, 567 m; 06 Campingplatz, 530 m;
07 Abzweig nach Stegen, 530 m

Blick von Breitbrunn über den Ammersee nach Schondorf.

ße 2070. Wir biegen unmittelbar vor der Straße links ab und gehen auf der Wallerstraße gegen Osten bis zum südlichen Ortsrand von **Bachern** 03.

Bei der Bushaltestelle biegt man links ab, folgt nur kurz der Asphaltstraße und geht dann scharf nach rechts in die Aitelstraße. Vom Straßenende auf einem Waldweg zum Erholungsgebiet am **Wörthsee** 04 weiter. Nun der Länge nach durch das Badegelände, in den Wiesen nach rechts auf einen Kiesweg einbiegen und beim Parkplatz zur Autostraße hinaus. Diese vorsichtig queren, in den Wald hinein und auf einer Forststraße bis zur Einmündung am Waldrand. Dort muss man scharf rechts abbiegen, im Schlagenhofer Buchet zur Verzweigung neben der Wasserfassung und dort die rechte Fahrspur wählen, die sogleich zu einem großen Holzplatz führt. Dort biegt man links ein, folgt der langen Fahrspur über den Jaudesberg und kommt durch eine Rechtskurve nach **Breitbrunn** 05 hinab.

Im Ort auf der Jaudesbergstraße bis zur Münchner Straße. Auf sie

Der Ammersee in Breitbrunn.

links einbiegen, etwas abwärts und nach rechts auf den Franz-Utz-Weg, den man aber gleich wieder verlässt, um nach rechts auf einen Fuß- und Radweg einzubiegen. Anschließend hält man sich links auf die Seeleite, von der man bei der Seglervereinigung Breitbrunn nach links in Richtung Fußweg nach Buch abbiegt.

Am Ammerseeufer rechts halten, um auf einem schmalen, stellenweise sehr nassen, aber abwechslungsreichen Wanderweg nach Osten, am **Campingplatz** 06 vorbei weiterzugehen. Hinter Buch wird der Weg noch enger und dann muss man an beschilderter Stelle das Ufer verlassen. Es geht ein wenig nach rechts hinauf und dann nach links auf schönem **Wanderweg** 07 in mehrmaligem Auf und Ab und über etliche Stege bis **Stegen** 01 zurück.

WINDACH – FINNING • 644 m

Durch die Windachau

 13,5 km 3:45 h 150 hm 150 hm 180

START | Windach, Am Schlosspark, 568 m
[GPS: Breite N 48.067240° Länge E 011.035329°]
CHARAKTER | Ein kurzer Routenabschnitt verläuft weglos und ist nicht ganz einfach (steiler Waldhang). Der Rest ist nicht schwierig. Allerdings gibt es keine Wegmarkierungen, weshalb die Routenfindung nicht ganz einfach ist.

Auf dieser Wanderung kann man beim landschaftlich großartigen Rückweg durch die Windachau die Reste einer frühmittelalterlichen Befestigungsanlage aus der Zeit Karls des Großen besichtigen.

▶ Auf der Hechenwanger Straße gehen wir vom **Schlossplatz 01** rund 100 m weit nach Süden und biegen dann nach rechts auf den Raiffeisenweg ein. Dabei kommen wir am Kinderspielplatz vorbei und drehen unmittelbar vor dem neuen Friedhof rechts ab. Anschließend gehen wir auf den Kellerberg zu und biegen vor ihm nach links auf die Forststraße ein. Auf ihr aus Windach hinauf, kurz durch einen Waldgürtel und dann am Wasserschutzgebiet vorbei und anschließend abwechselnd durch kurze Waldetappen und über freie Wiesen nach Südwesten dahin. Bei der **Kreuzung am Waldrand 02** gehen wir geradeaus weiter, über

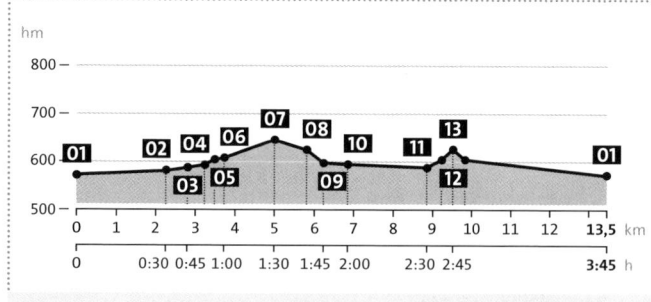

01 Windach, Schlossplatz, 568 m; **02** Kreuzung am Waldrand, 579 m; **03** Querweg, 584 m; **04** Schlepperweg, 594 m; **05** Wegende, 603 m; **06** Verzweigung, 607 m; **07** Wegkreuz, 644 m; **08** Unterfinning, 620 m; **09** Grottenweg, 599 m; **10** Windachbrücke, 595 m; **11** Einmündung, 584 m; **12** Unterstand, 602 m; **13** Fliehburg, 622 m

Mäander an der Windach.

einen Bach und in den Wald hinein. Bei der gleich darauf folgenden Verzweigung der Waldwege müssen wir schräg nach rechts weitergehen und sofort links haltend durch den Wald weiter. Wir kommen wieder an den Waldrand und zu einem Fahrweg. Auf diesen **Querweg 03** links einbiegen. Wir bleiben auf dieser Fahrspur, die bei einem Waldeck rechts abbiegt und oberhalb eines Seitenarms der Windach ein wenig ansteigt.

Etwa 100 m vor einer Absperrschranke kann man nach rechts auf einen etwas undeutlichen **Schlepperweg 04** einbiegen, der unter einer Hangkante in geringem Auf und Ab nach Südwesten weiterführt. Schließlich **endet der Weg 05** mitten im Wald. Die folgende weglose Etappe meistert man am besten, indem man über einen steilen Waldhang nach rechts bis zur Hangkante ansteigt und dann nach links am Waldrand entlang zu einem Waldeck geht. Dort geradeaus weiter und auf einem andeutungsweise erkennbaren Pfad ein wenig abwärts.

Der Waldweg verliert sich bald, dann gehen wir ohne Weg ein wenig nach rechts haltend zu einer Traktorspur. Auf diese rechts einschwenken und kurz bergauf. Etwa auf der Scheitelstrecke des Waldrückens dreht die Fahrspur links ab, und bei der folgenden **Verzweigung 06** halten wir uns links und gehen in eine Senke hinab. Am Rande des Tals wieder nach links weiter, einem schmalen Waldweg folgen, über einen schmalen Bach und dem Weg folgen, der sich zu einer Fahrspur weitet. Folgt man ihr, trifft man am Waldrand auf ein Asphaltsträßchen, und ein weites Alpenpanorama öffnet sich. Anschließend fällt der Asphaltweg zu einem aussichtsreichen Rastplatz neben einem **Wegkreuz 07** ab und bringt uns zur Obergasse in **Unterfinning 08** hinunter.

Unterhalb der Kirche müssen wir links gehen und vor der Windachbrücke nach links auf den **Grottenweg 09** abbiegen. Er führt neben der Windach durch eine einmalige Auenlandschaft dahin, auf einer **Brücke** 🔟 über den kleinen Fluss und am anderen Ufer weiter. Bevor der Uferweg endet, halten wir uns rechts und gehen zum Fuß eines Waldhügels. Dort dreht der Weg links ab und führt

lange durch die Flussau nach Norden dahin.

Nach längerer Strecke weitet sich der Auweg zu einer Fahrspur und erreicht unter der Fliehburg eine **Einmündung** 🔟. Dort halten wir

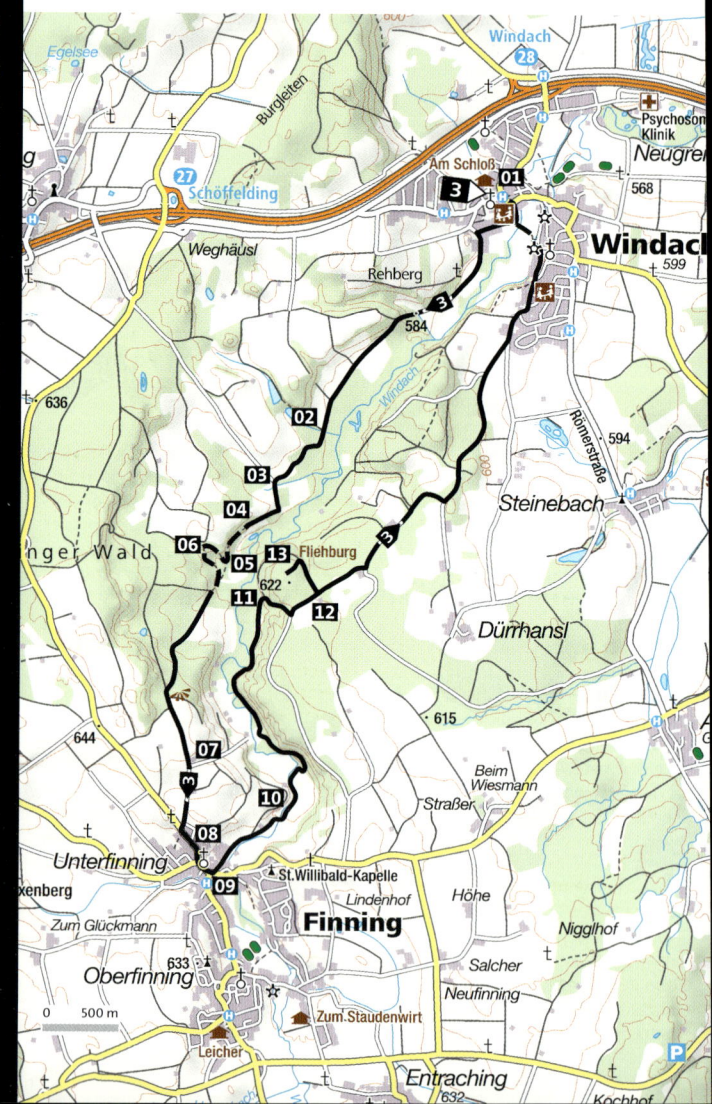

Frühmittelalterliche Ringwallanlage

Etwa 30 m über dem Lauf der Windach befindet sich mitten im Wald zwischen Finning und Windach eine Wallanlage aus karolingischer Zeit (8.–9. Jahrhundert n. Chr.). Der Burgenbau wurde von den Karolingern zur Festigung der regionalen Grundherrschaften forciert und so entstand eine Wallanlage, die in den Schriftquellen nicht genannt ist. Archäologische Funde wurden nicht gemacht. Nach der Lage und der Bauweise der Anlage ist man sich aber relativ sicher, dass sie auf das frühe Mittelalter zurückgeht.

Nach der Überlieferung sollen die Einwohner der benachbarten Ortschaften im 30-jährigen Krieg die alte Wallanlage als Fliehburg genutzt haben.

uns rechts und gehen in geringer Steigung zu einem Querweg hinauf. Ihm folgen wir nach links und erreichen kurz vor der linksseitigen Abzweigung einer Forststraße neben einem **Unterstand 12** einen Holzziehweg, auf dem man in rund 500 m Entfernung zu einer frühmittelalterlichen Wehranlage gehen kann. Von der im 30-jährigen Krieg als **Fliehburg 13** genutzten Anlage gehen wir wieder zum **Unterstand 12** zurück und dann auf dem Kiesweg im Wesentlichen nach Nordosten bis Windach und zum **Ausgangspunkt 01** zurück.

Kirche in Unterfinning.

Schneeglöckchen.

SCHONDORF – DIESSEN • 573 m

Am Ammersee-Westufer

 14,7 km 3:30 h 100 hm 100 hm 180

START | Bahnhof Schondorf, 570 m
[GPS: Breite N 48.052745° Länge E 011.097541°]
CHARAKTER | Leichte, aber lange Wanderung.

Mühlstraße in Dießen am Ammersee.

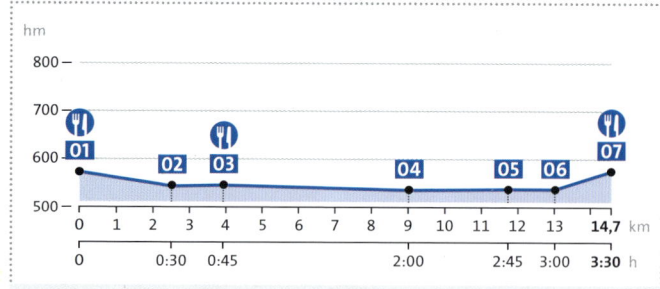

01 Schondorfer Bahnhof, 570 m; **02** Badesteg, 544 m; **03** Alte Villa,
545 m; **04** Bahnhof Riederau, 537 m; **05** St. Alban, 538 m; **06** Bahnhof
Dießen, 538 m; **07** Marienmünster, 573 m

Die lange Tour von Schondorf zum Marienmünster in Dießen verläuft im Wesentlichen am Ammersee-Westufer entlang und ist ziemlich flach. Sie lässt sich deshalb auch gut mit dem Fahrrad zurücklegen. Das hätte den Vorteil, dass man mit dem Drahtesel auch wieder zum Ausgangspunkt zurück kann. Zu Fuß ergäbe das Hin und Zurück eine Entfernung von fast 30 km, was vermutlich den Meisten zu viel sein wird. Doch keine Bange, sowohl am Ausgangs- als auch am Endpunkt und auch auf der Strecke gibt es

Ammersee-Westufer bei St. Alban.

etliche Bahnhöfe, damit jeder dort aufhören kann, wo er will. Und für eine etwas umständlichere, aber schöne Rückfahrt gäbe es auch ein Ammerseeschiff.

▶ Vom **Schondorfer Bahnhof** `01` folgt man der Bahnhofstraße über den Wilhelm-Leibl-Platz bis zum See hinunter, wo man beim Badesteg nach rechts auf den Uferweg einbiegt und dann der Seestraße nach Süden folgt. Die Seestraße dreht weiter vorne rechts ab. Dort gehen wir auf einem breiten Kiesweg geradeaus weiter und am Seeufer entlang, an einem **Badesteg** `02` und bald am Gasthaus **Alte Villa** `03` vorbei und dann nach Utting.

Wir wandern immer am Ufer weiter und gehen auf der Eduard-Thöny-Straße aus Utting hinaus. Unmittelbar vor dem Bahnübergang biegt der Weiterweg links ab, und ab Holzhausen verläuft der breite Weg direkt neben der Bahnstrecke.

Auf der Seeholzstraße kommt man an der Bayerischen Verwaltungsschule vorbei und dann endet die Straße. Wir können aber in der gleichen Richtung lange weitergehen, denn ein schattiger Waldweg bringt uns in gerader Strecke bis Riederau. Es geht am **Bahnhof Riederau** `04` vorbei und vom Seeweg-Nord auf den Seeweg-Süd. Bald darauf kommen wir am Strandbad und der Klosterkirche **St. Alban** `05` vorbei und folgen dem Weg bis Dießen.

Anschließend erreichen wir den **Bahnhof Dießen** `06`, wo wir links haltend am Hafen entlanggehen und dann rechts abbiegen, um in einer Unterführung unter dem Bahngleis und auf die Mühlstraße zu gehen. Auf ihr der Länge nach gegen Westen durch Dießen hinauf, beim Marktplatz am Rathaus vorbei und nach links zum Kloster und zum **Marienmünster** `07` abzweigen. Dort endet die Tour.

Kirche St. Alban am Ammersee-Westufer.

WINDACHSSPEICHER • 650 m

Rundwanderung um den Windachsspeicher

 7,9 km 2:30 h 140 hm 140 hm 180

START | Parkplatz beim Windachsspeicher, 635 m
[GPS: Breite N 48.001302° Länge E 011.013783°]
CHARAKTER | Ein kurzes Stück auf der Westseite des Windachsspeichers geht es über einen steilen, fast unwegsamen Waldhang. Der Rest ist einfach. Nur kurze Waldetappen und schöne Ausblicke.

Vom Parkplatz bei der **Windachsee Alm** 01 geht man über den Stauwall und zum nördlichsten Seezipfel. Dort geht man durch eine Rechtskurve, am Betriebsgebäude vorbei und dahinter **scharf links** 02 auf den asphaltierten Radweg. Er steigt ein wenig an und beschreibt eine Rechtskurve. In dieser Kurve biegt unser Rundweg links ab, führt auf einem **Kiesweg** 03 in den Wald hinein und fällt zum Stausee ab. Anschließend folgen wir dem Seeufer, zweigen dann nach rechts auf einen Waldweg ab, der kurz ziemlich steil und mühsam ansteigt. Dann stößt er wieder auf einen guten Waldweg. Er weitet sich zu einer Schlepperspur und dann zu einem Sträßchen, das durch freies und aussichtsreiches Wiesengelände nach Westen führt. Neben einem **Stadel** 04 knickt dieses rechts ab. Wir halten uns dort links und folgen einer Traktorspur. Schließlich kreuzt sich diese mit einem schmalen **Asphaltsträßchen** 05. Dort zweigen wir wieder links ab und verlassen dieses Sträßchen am Ende eines schützenswerten Auwalds

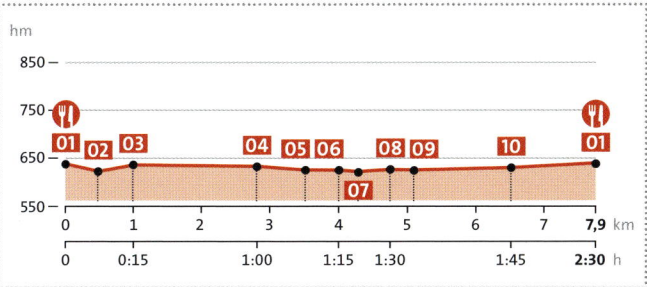

01 Windachsee Alm, 635 m; 02 scharf links, 619 m; 03 links auf Kiesweg, 630 m; 04 Stadel, 628 m; 05 Asphaltsträßchen, 622 m; 06 Feldweg, 622 m; 07 Rastplatz, 620 m; 08 Obermühlhausen, 623 m; 09 Windachbrücke, 622 m; 10 Waldweg, 624 m

nach links auf einen **Feldweg** `06`. Dieser bringt uns zu einem **Rast-platz** `07` mit einem Wegkreuz. Gleich dahinter dreht er rechts ab und führt zum nördlichen Orts-rand von **Obermühlhausen** `08`. Im Ort biegen wir auf die erste Straße links ein (Am Mühlbach), gehen aus Obermühlhausen hinaus, zur **Windachbrücke** `09` und zu einer Autostraße. An ihrem Rand müssen wir nun rund 300 m weit

nach Norden und verlassen sie in ihrer Rechtskurve geradeaus in das Landschaftsschutzgebiet Beu-rer Wald hinein. Der Weg dreht rechts ab und steigt an. In dieser Kurve gehen wir geradeaus weiter und folgen einem **Waldweg** `10`. Auf ihm nähern wir uns dem Windachspeicher und folgen dem Wurzelpfad in ständigem Auf und Ab bis zum Badegelände und zum **Ausgangspunkt** `01`.

Vorfrühling am Windachspeicher.

Wanderer in der Nähe von Obermühlhausen Windachspeicher.

Schneeglöckchen im Beurer
Wald.

JUNGFERNBERG • 694 m
UND SCHATZBERG • 677 m

Aussichtsrunde bei Dießen

  9,8 km 3:00 h  260 hm  260 hm 180

START | Parkplatz an der Rotter Straße (St. 2055), westlich von
Dießen, 680 m [GPS: Breite N 47.94512° Länge E 011.05554°]
CHARAKTER | Sehr aussichtsreiche Rundtour in der prächtigen
Voralpenlandschaft südlich von Dießen am Ammersee.

Um die Strecke nicht uferlos lang werden zu lassen, wurden bei der Auswahl dieser Route Abkürzungen gewählt, die abseits von Fahrwegen auf teilweise nicht sehr deutlichen Wegen, gelegentlich kurzzeitig sogar ohne Weg verlaufen. Deshalb ist die Routenfindung nicht immer einfach, und man braucht ein gutes Orientierungsvermögen. Langweilig wird es mit Sicherheit nicht. Höhepunkt der Rundwanderung ist der kleine Gipfel des Schatzbergs mit einer brillanten Alpenschau.

▶ Vom **Parkplatz** 01 geht man über die Rotter Straße und auf einem Waldweg in den Fuchsschlag hinein. Hinter einer sanften Waldkuppe geradeaus und am Waldrand anfangs nach Südosten, später Süden weiter. Der Weg führt nach rechts aus dem Wald heraus und am Rande einer Wiese ahin. Anschließend schwenkt er nach rechts ab und fällt ein wenig ab. Dann stößt man wieder auf eine Fahrspur, biegt rechts ab und geht gering ansteigend aus dem Wald heraus. Kurz vor einem

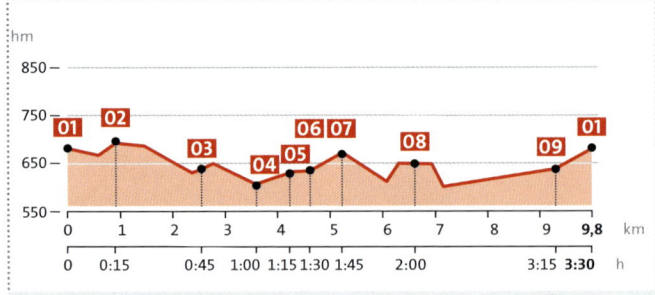

01 Parkplatz, 680 m; 02 Jungfernberg, 694 m; 03 Links auf Feldweg, 647 m; 04 Parkplatz, 611 m; 05 Wegkreuz, 647m; 06 Unterstand (Schlaegelhütte), 638 m; 07 Schatzberg, 677m; 08 Burgkapelle, 642 m; 09 Nixenweiher, 654 m

Wäldchen dreht die Fahrspur links ab. Dort gehen wir geradeaus bis zur Baumgruppe auf dem **Jungfernberg** 02 weiter.

Nun über die Wiese zurück zur Fahrspur und auf dieser nach Südwesten, an einer Wiesenkuppe (eigentlicher Gipfel des Jungfernbergs) vorbei und zu einem Sträßchen hinab. Diesem asphaltierten Fahrweg nach links folgen, durch einen Linksbogen und ein längeres Stück abwärts.

Beim Anwesen „Am Ängerle 4" erreicht man eine Autostraße. Auf diese nach rechts einbiegen, an der Fischzucht vorbei und gleich dahinter wieder nach rechts auf ein Asphaltsträßchen einbiegen und nach Süden hinauf. Bevor das Sträßchen einen etwas ausholenden Rechtsbogen beschreibt, zweigen wir nach links auf einen **Feldweg** 03 ab. Am Waldeck links herum, am Zaun bei der Wasserfassung rechts vorbei und wieder zu einer Fahrspur, der man nach rechts folgt. Bei der nächsten Einmündung in engem Bogen links herum und nach den Wohnhäusern wieder auf eine Fahrstraße. Auf ihr nach Süden und zum **Parkplatz** 04, wo man nach links abbiegt, um in dichtem Wald auf morastigem Weg anzusteigen. Der Weg dreht etwas rechts ab und trifft an den Rand einer ausgedehnten Wiese. Wir halten uns dort links, steigen noch etwas an und kommen neben einem **Wegkreuz** 05 zu ein paar Rastplätzen. Nun geht es wieder auf einem Feldweg weiter und gleich darauf auf einem asphaltierten Fahrweg, auf dem wir geradeaus bis zum **Unterstand „Schlaegelhütte"** 06 gehen. Unmittelbar hinter der Unterstandshütte muss man links abbiegen und auf einem Kiesweg gering ansteigend in den Wald hinein gehen. Bei der folgenden Einmündung rechts herum, auf breitem Weg an den Schatzberg heran und die letzten Meter auf einem Treppenweg zum aussichtsreichen **Gipfel** 07 hinauf.

Der Abstiegsweg verläuft über einen breiten Waldrücken nach Nordosten, wo man nach einem relativ steilen Abschwung einen Fahrweg erreicht. Dieser führt zu einer Kiesstraße hinunter, der man nach links

Blick vom Burgberg auf Dießen mit dem Marienmünster und den Ammersee.

folgt und wieder deutlich ansteigt. Noch in der Steigungsstrecke stößt man zu einem Wegedreieck, wo man links abbiegen muss, um einer Forststraße nach Westen bis zur **Burgkapelle** 08 zu folgen.

Bei der Burgkapelle biegt man scharf nach rechts ab und geht gegen Osten durch dichten Wals. Gut 150 Meter weiter vorne, unmittelbar bevor der Weg deutlich abfällt, zweigt auf der linken Seite der Burgwald-Lehrpfad ab. Auf diesem schmalen Pfad nach Norden zu einem kleinen Rast- und Aussichtspunkt, von dem aus man zum Marienmünster von Dießen und auf den Ammersee sehen kann. Dann geht es ziemlich steil und bei Nässe sehr rutschig durch den Wald hinab. Unterhalb der Steilstrecke in einem Links-Rechtsknick weiter, auf

Wegspuren durch das Hang-Quellmoor der Burgwiesen und an seinem Ende auf eine Schlepperspur, die sogleich nach links abdreht. Man erreicht die Burgwaldstraße, geht auf ihr nach links und hält sich bei der nächsten Abzweigung wieder links, um gegen Westen weiter zu gehen.

Gleich am Anfang eines ausholenden Linksbogens der Straße zweigt zwischen den eingezäunten Wiesen ein sehr schmaler Pfad ab. Er führt über eine Bachbrücke und geradewegs nach Wengen. Man erreicht den Ort bei der Wirtschaft. Gleich hinter ihr nach links, gegen Westen aus Wengen hinaus und bei der Straßengabelung rechts, in Richtung Bischofsried weiter. Am Waldrand stößt man auf den Hinweg, folgt ihm an der Fischzucht vorbei und verlässt ihn bei der Abzweigung schräg nach rechts, um auf der wenig befahrenen Autostraße zu bleiben.

In einer Senke, unmittelbar vor dem Waldrand, nach links auf einem Feldweg zum **Nixenweiher** 09 hinüber, dann nach Nordwesten durch den Wald hinauf und aufpassen, dass man nicht zu weit links am Zaun des Wasserschutzgebiets bleibt. Man bleibt etwas weiter rechts, folgt einem sehr undeutlichem Weg, verlässt ihn nach links, quert ziemlich verwegen einen tiefen Graben und kann auf einem alten Ziehweg weitergehen. Bei Holzarbeiten ist im oberen Bereich so viel Astwerk liegen geblieben, dass man auf dem Weg nicht durchkommt. Deshalb muss man sich links daneben einen Durchschlupf durch den Wald suchen, auf dem man den breiten Waldweg erreicht, den wir vom Hinweg schon kennen. Ihm folgen wir die letzten Minuten bis zum **Ausgangspunkt** 01 zurück.

WESSLINGER SEE – PILSENSEE – WÖRTHSEE • 630 m

Drei-Seen-Runde

 22,3 km 6:30 h 330 hm 330 hm 180

START | Bahnhof Weßling, 590 m
[GPS: Breite N 48.077565° Länge E 011.214318°]
CHARAKTER | Für eine Fußwanderung ist diese lange Rundtour zu gleich drei Oberbayrischen Seen fast ein bisserl lang. Trotzdem kann man sich auf Schusters Rappen auf den Weg machen, denn wenn es unterwegs zu viel werden sollte, kann man an mehreren Stellen getrost auf die S-Bahn umsteigen. Wer sich unbedingt die ganze Runde vornimmt, kann auch das Fahrrad nehmen. Bis auf ein paar kurze Stellen am Anfang der Tour lässt sich alles gut im Sattel meistern.

▶️ Vom **Bahnhof in Weßling** 01 in die Gautinger Straße und gleich nach rechts in die Untere Seefeldstraße, die an das Ostufer des Weßlinger Sees heranführt. Dem Uferweg nach Süden folgen und links haltend auf der Straße „Am Seefeld" bergauf. Weiter oben schräg links in das Ferdinand-Bau-mer-Gasserl und bei der Verzweigung rechts haltend abwärts. Gleich nach rechts auf einen Feldweg einbiegen, der sich immer mehr zusammenschnürt und im Wald ziemlich eng und bei Nässe auch glitschig wird. Nach kurzem Anstieg zu einem Querweg und diesem nach rechts, gegen Wes-

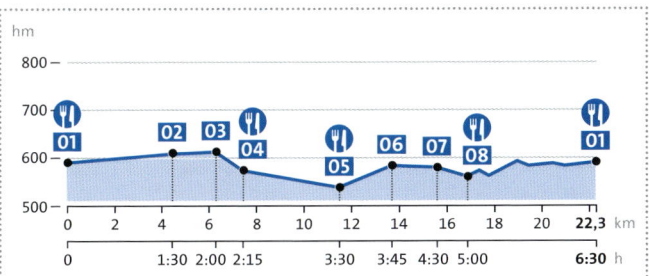

01 Bahnhof Weßling, 590 m; 02 Wildgatter, 612 m; 03 Werksgelände, 617 m; 04 Oberalting, 572 m; 05 Pilsensee-Strandbad, 533 m; 06 Günteringer Straße, 581 m; 07 Steinebach, 578 m; 08 Rathaus, 565 m

ten folgen. Hinter einem kurzem Steilaufschwung zur Einmündung eines Fahrwegs, auf dem man geradeaus weitergeht und bei der Verzweigung links abdreht.

Beim nächsten Wegedreieck rechts und bergauf weiter. Hinter der Schranke zu einer Straße, auf ihr nach links über eine Kuppe und in ein breites Tal hinab. Aus ihm in kurzem Anstieg zum Waldrand und scharf rechts abbiegend in das Krontal. Aus ihm hinaus und im Wald weiter. Hinter dem **Wildgatter 02** auf einer Forststraße durch den Wald Altinger Buchet nach Südwesten dahin. Nach längerem Anstieg beim großen

Straßendreieck auf dem höchsten Punkt der Wanderung rechts haltend abwärts und bis zur Autostraße beim **Werksgelände 03**. Dort rechts abbiegen und am Straßenrand nach **Oberalting 04** hinab.

Beim Feuerwehrhaus in Oberalting biegen wir nach links auf die Stampfgasse ein, gehen rechts herum und zum Marienplatz hinauf. Nun geht es der Länge nach auf der Hauptstraße durch den Ort, bis nach links die Graf-Toerring-Straße abbiegt. Auf ihr bietet sich ein kurzer Abstecher zum Schloss an. Wieder zurückgekommen hält man sich links und folgt der Stra-

Der Weßlinger See.

ße in ein paar Kehren zur Straßenkreuzung hinab. Von ihr geradeaus bis zum Ortseingang von Hechendorf. Dort kann man links abbiegen und in einem Abstecher zum schönen **Strandbad am Pilsensee** 05 auf eine prickelnde Erfrischung einlegen.

Nach dem Bad geht man lange durch Hechendorf aufwärts, bis nach rechts die **Günteringer Straße** 06 abzweigt. Auf ihr bis zur zweiten Abfahrt auf der linken Seite, dem Steinebacher Weg. Auf ihm weiter, bei der Verzweigung rechts und über aussichtsreiche Wiesenkuppen bis **Steinebach** 07.

Nach rechts in die Dorfstraße und beim Feuerwehrhaus nach links zum Wörthsee. Am Ufer rechts halten, auf der Seepromenade an Kiosk und Seerestaurant mit Strandbad vorbei und bis zum **Rathaus** 08. Dort scharf rechts abbiegen und bei der folgenden, gefährlichen Straßenkreuzung schräg links zum Burgselberg (rechts neben der Straße gibt es einen Fußweg).

Hinter der Kirche links abbiegen und schräg rechts in die Weßlinger Straße einbiegen. Kurz vor dem S-Bahnhof links, bei der Abzweigung zur Bahnüberführung geradeaus und gleich darauf schräg rechts zu einem Waldweg.

Ab jetzt der Radwegbeschilderung folgen, bis man wieder in Weßling ankommt. In Weßling folgt man dem westlichen Seeufer, am Seecafé vorbei und zuletzt auf der Hauptstraße zum **Ausgangspunkt** 01 zurück.

Schloss Seefeld.

HECHENDORF – HERRSCHING • 622 m

Vom Pilsensee zum Ammersee und zurück

 15 km 4:00 h 150 hm 150 hm 180

START | Bahnhof Seefeld-Hechendorf, 538 m
[GPS: Breite N 47.99809° Länge E 011.17074°]
CHARAKTER | Diese einfache Bade-Rundtour bietet etliche Gelegenheiten, ins kühle Nass zu springen, nachdem man die abwechslungsreiche Strecke durch Wald und über freie Felder zum Ammersee gekommen ist.

Vom **Ausgangspunkt** 01 folgt man zuerst der Bahnhofstraße nach Südwesten und quert die Staatsstraße 2070 auf einer Fußgängerbrücke. Anschließend geht es auf dem Bahnweg weiter, dann dreht man mit der Straße rechts ab und geht auf dem Heuweg weiter, der forsch ansteigt. Hinter dem Sportplatz biegt man nach links auf die Hauptstraße ein, die an Biergarten, Kirche und Maibaum in einem Rechtsbogen vorbeiführt.
Dorthin könnte man auch direkt auf dem Bahnweg gehen, wenn man nicht nach rechts auf den Heuweg einbiegt. Gleich dahinter hält man sich rechts, um dem Schlagenhofener Weg zu folgen und nach links auf das Oberfeld einzubiegen. Dann nach links kurz der Autostraße folgen und bei der Bushaltestelle nach rechts auf einen Feldweg abzweigen, der sich neben einem **Wegkreuz** 02 verzweigt. Dort geradeaus auf eine schmale Fahrspur und gegen Westen über freies Feld, in lichten Wald hinein, in weiten Bogen nach rechts und über eine sanfte Kuppe.

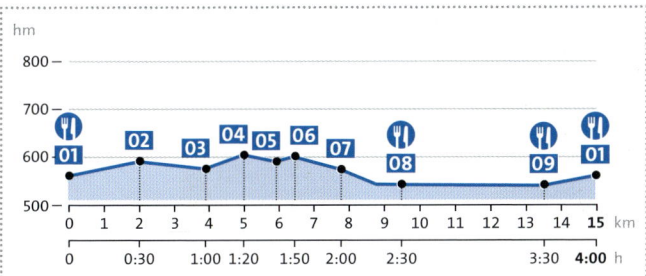

01 Bahnhof Seefeld-Hechendorf, 561 m; 02 Wegkreuz, 591 m; 03 Schlagenhofen, 578 m; 04 Wegkreuz, 607 m; 05 Ellwang, 591 m; 06 am Waldsaum abbiegen, 601 m; 07 Rausch, 577 m; 08 Herrsching, 538 m; 09 Badegelände, 537 m

Badefreuden in Hechendorf am Pilsensee.

Bei der Einmündung am Waldrand erst links, sogleich nach rechts weiter und auf dem Schlichtweg nach **Schlagenhofen** `03` hinein. Nach links auf die Dorfstraße und diese hinter dem Ortsrand auf ein Feldsträßchen nach links verlassen. Es führt über einen Hügel und nach Süden wieder in den Wald. Bei der folgenden Forststraßenkreuzung geradeaus und gleich darauf zu einem Rastplatz mit einem **Wegkreuz** `04`. Dort wird der höchste Punkt der Rundtour erreicht.

Knapp 100 m weiter vorne biegt man bei der Wegverzweigung nach links in etwas dichteren Wald ab. Die Kiesstraße beschreibt einen Rechtsbogen, verlässt den Wald, und es öffnet sich ein freier Blick auf den Heiligen Berg mit dem Kloster Andechs. Hinter dem Dorfweiher kommt man durch das kleine Bauerndorf **Ellwang** `05`, an dessen Rand man nach rechts auf eine Schlepperspur abzweigt und bis zum Waldrand weitergeht. **Am Waldsaum abbiegen** `06`, nach Süden weiter und in den Wald hinein. Im weiteren Verlauf stößt man auf eine etwas breitere Kiesstraße und erreicht die Ortschaft **Rausch** `07`, die man bei der Kapelle in einem Rechtsbogen verlässt. Das Sträßchen beschreibt sogleich einen Linksbogen, in dem man geradeaus auf den Rauscher Fußweg abzweigt. Er fällt bis Lochschwab ab und erreicht das Ufer des Am-

Kapelle und Bauernhaus in Rausch.

mersees. Dort links weiter und bei der Liegewiese nach links auf einen kurzen Durchstieg abzweigen, was leicht zu übersehen ist. In **Herrsching** `08` quert man ein wenig links eine Fahrstraße und kommt auf den Stürmerweg, den man aber in dessen Rechtskurve nach links verlässt und bis zum Bahnübergang weitergeht. Gleich hinter dem Übergang nach links einbiegen und neben der Bahnstrecke durch das Herrschinger Moos bis nach Hechendorf.

Auf der rechten Seite kann man kurz zum öffentlichen **Badegelände** `09` hinunter und ins Wasser springen, ehe man an der Staatsstraße 2070 ankommt. Auf ihr nach links zur Bahnhofstraße und dieser nach rechts zum **Ausgangspunkt** `01` folgen.

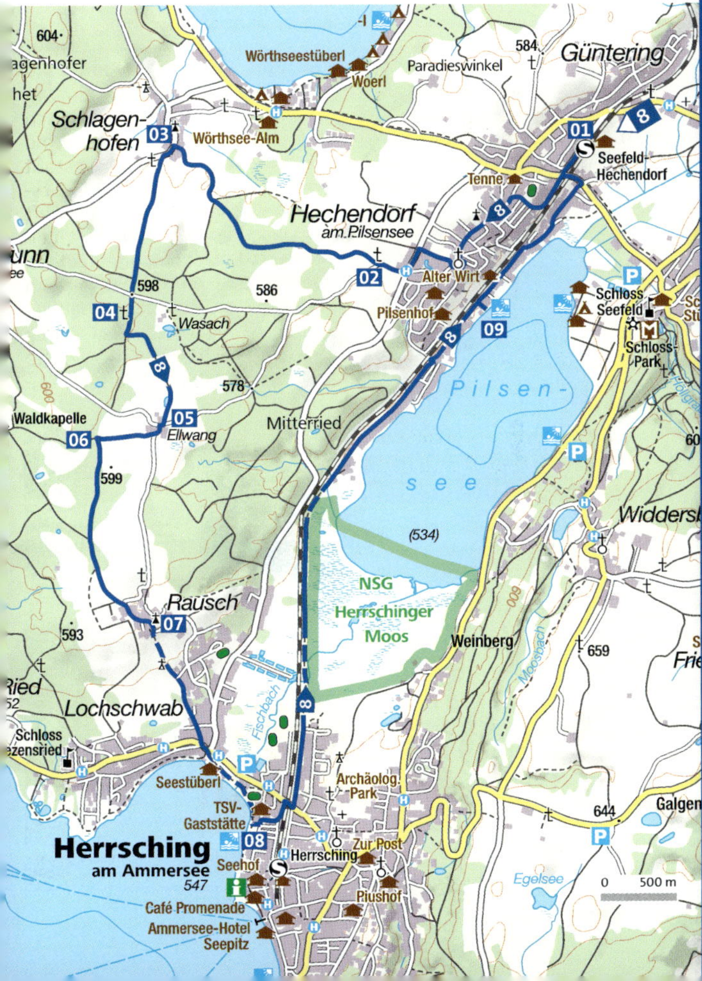

MÜHLTAL – REISMÜHL • 640 m

Am Schlossberg

 6,9 km 1:45 h 80 hm 80 hm 180

START | Parkplatz an St. 2063 im Mühltal, nördlich Leutstetten, 592 m [GPS: Breite N 48.038241° Länge E 011.370378°]
CHARAKTER | Einfache Waldwanderung.

Baumschwämme an der Würm im Mühltal.

▶ Vom **Wanderparkplatz** 01 geht man auf der Brücke über die Würm und folgt dem breiten Weg nach links. Bei der folgenden Weggabelung nach rechts und dem breiten Weg durch den Wald ein wenig aufwärts folgen. Hinter der Kiesgrube geht es durch einen geringen Rechtsbogen. Wir bleiben auf dem Sträßchen, bis am Waldrand ein großes Kreuzungssystem erreicht wird. Dort schräg nach links abbiegen und einer breiten Forststraße nach Norden folgen.

Bei der nächsten Abzweigung geradeaus und bei der folgenden Kreuzung schräg links weiter, ins Hallerholz hinein.

Bei der nächsten Wegverzweigung muss man scharf links herum und

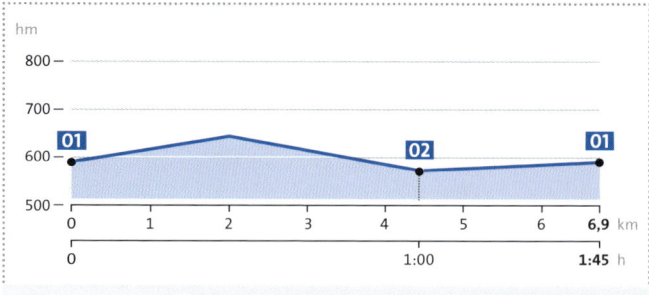

01 Parkplatz, 592 m; 02 Reismühl, 570 m

Im Mühltal.

beim folgenden Wegedreieck wieder nach rechts, auf eine lange, ziemlich gerade Forststraße. Schließlich beschreibt sie einen kaum merklichen Linksbogen und stößt zu einer Einmündung. Dort rechts und sofort darauf die linke Straßenvariante wählen. Diese führt durch das Obere Taxet und bei **Reismühl** 02 aus dem Wald heraus.

Kurz vor der Würm stoßen wir auf ein Asphaltsträßchen. Auf diesem nach links und durch den malerischen Talgrund neben der Würm zum **Ausgangspunkt** 01 zurück.

HANFELD – ALERSBERG – HADORF • 699 m

Waldwanderung nördlich von Söcking

 10,1 km 2:30 h 80 hm 80 hm 180

START | Bushaltestelle in Hanfeld, 655 m
[GPS: Breite N 48.022636° Länge E 011.321205°]
CHARAKTER | Leichte Rundwanderung auf unmarkierten Wegen und Forststraßen, die etwas Orientierungsgabe verlangt.

Auf dieser wenig anstrengenden Rundwanderung, die überwiegend durch schönen Mischwald führt wird man zwar auch Sonne mitbekommen, aber nicht so viel, dass es an heißen Sommertagen so heiß würde, dass man es nicht mehr aushalten kann. Auch im Herbst, wenn die Laubfärbung ihren Höhepunkt erreicht hat, lohnt sich diese beschauliche Rundtour.

▶ Zuerst wandern wir in ein paar Kurven auf der St.-Michael-Straße gegen Südosten durch **Hanfeld** 01 und gehen in der gleichen Richtung auf einem Fuß- und Radweg

weiter. Bei der ersten Abzweigung hinter dem Kreisverkehr rechts auf einen Fahrweg einbiegen und diesem gegen Westen folgen, bis im dichten Wald ein schmaler Weg nach links abzweigt. Auf ihm nach Süden zu einer Querstraße, der man nach links zum Wasser-Hochbehälter auf dem **Alersberg** 02 folgt. Eine freie Aussicht gibt es im dichten Wald leider nicht.

Dann geht es auf dem gleichen Weg zurück, bei der Abzweigung aber geradeaus, und erst beim Almweg biegen wir rechts ab. Er bringt uns am Weiler „Auf der Alm" vorbei. Dahinter schwenkt

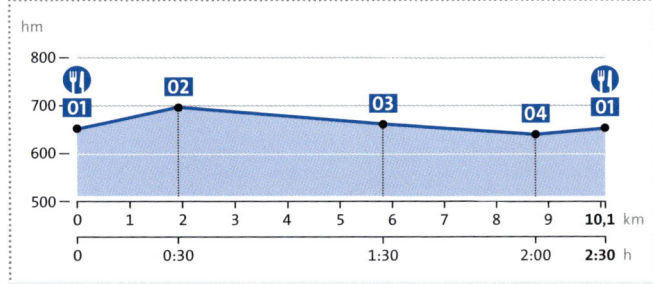

01 Hanfeld, 655 m; 02 Alersberg, 699 m; 03 Hadorf, 660 m;
04 Mamhofen, 639 m

Das Gut Mamhofen.

Herbstliche Lichtstimmung im Wald auf halber Strecke zwischen Alersberg und Hadorf.

Die Kirche auf dem Gut Mamhofen.

man bei der nächsten Abzweigung nach links, um dem geschwungenen Sträßchen lange zu folgen. Zwischen zwei großen Waldwiesen hält man sich ein wenig links, geht am Nordwestrand der zweiten Lichtung vorbei und gegen Westen weiter, bis man schließlich aus dem Wald heraus und zum Ortsrand von **Hadorf** `03` kommt.

Dort sogleich auf die Kreisstraße rechts einbiegen und den ersten, linksseitigen Feldweg wählen. Er führt gegen Norden allmählich wieder in den Wald hinein und verzweigt sich. Nun rechts, bei der nächsten Abzweigung links und bis zum ersten Sträßchen auf der rechten Seite etwas monoton weiter. Dann bis kurz vor die Stromleitung gegen Osten, und in einem Linksbogen zu einer Querstraße. Auf ihr nach rechts bis **Mamhofen** `04`. Dort gut 100 m nach rechts (gegen Süden) und hinter dem Gut links abbiegen. Auf dem Waldsträßchen (Radwegemarkierung) geht man die letzten 1,5 km nach **Hanfeld** `01` zurück.

HERRSCHING – WARTAWEIL • 622 m

Badeausflug am Ammersee nach Ramsee

 11,6 km 3:00 h 150 hm 150 hm 180

START | Bahnhof Herrsching, 538 m
[GPS: Breite N 47.99809° Länge E 011.17074°]
CHARAKTER | Einfache Wanderung ohne besondere Schwierigkeiten.

Auf dem Höhenberg, wie der lange Waldrücken östlich des Ammersees und südlich von Herrsching heißt, gab es mal eine Ortschaft mit dem Namen Ramsee. Sie ist 1860 von der Karte verschwunden, und heute ranken sich gar schaurige Geschichten um den Untergang des Dorfes. Fakt ist, dass die Bauern nach der Säkularisation schlichtweg kein Geld mehr hatten, um den Ort am Leben zu erhalten, weshalb er an den Staat verkauft worden ist, der ihn mitsamt der Nikolauskirche abreißen ließ, um die Gegend wieder aufzuforsten. An der Stelle wo einst Ramsee stand gibt es heute einen Gedenkstein, das Ramseedenkmal, und das wollen wir im Rahmen eines Badeausflugs besuchen.

▶ Vom **Bahnhof in Herrsching** 01 folgt man der breiten Straße nach Süden gering hinab, biegt nach rechts in die Straße „Am Landungssteg" ein und folgt ihr bis zum See. Am Ufer rund 300 m nach links weiter. Der folgende Durchgang ist blockiert, weshalb man nach links zur Bushaltestelle hinauf und dann nach rechts auf dem Fuß- und Radweg neben der Autostraße weiter muss. Anschließend kommt man am schmucken

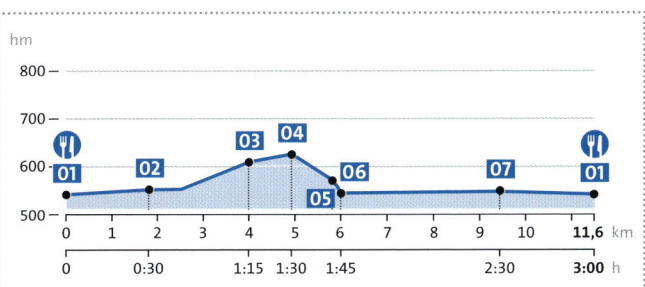

01 Bahnhof Herrsching, 538 m; 02 Schloss Mühlfeld, 549 m; 03 Ramseedenkmal, 612 m; 04 Kreuzung, 618 m; 05 Parkplatz, 566 m; 06 Badestrand, 540 m; 07 Unterbrechung des Uferwegs, 542 m

Schloss Mühlfeld am Ammersee.

Schloss Mühlfeld `02` vorbei. Bald danach zweigt links neben der Autostraße ein nach Ramsee beschilderter Fahrweg ab. Er steigt im Wald lange auf den Höhenberg an, bis bei den Wegverzweigungen nach links ein kurzer Pfad zum **Ramseedenkmal** `03` abbiegt.

Der Weiterweg führt auf dem Fahrweg über den höchsten Punkt

Blick vom Ammersee-Ostufer über den See nach Dießen.

der Wanderung in Richtung Aidenried weiter. Bei der nächsten **Kreuzung** `04` hält man sich rechts und folgt der Radwegbeschilderung nach Wartaweil. Nach längerem Abstieg wird in der Nähe eines **Parkplatzes** `05` ein Asphaltweg erreicht, auf dem man kurz nach links hinabgeht, bis nach rechts der beschilderte Weg zum Erholungsgebiet einbiegt. Er bringt uns in einer Unterführung

unter der Autostraße durch und zum beliebten **Badestrand** `06` am Ammersee.

Nach dem erfrischenden Bad im See folgt man dem Uferweg nach Norden, geht an der Weißen Säule vorbei, bis zur Unterbrechung des **Uferwegs** `07`. Bei ihr scharf rechts abbiegen, zum Fuß- und Radweg hinauf, wo der Hinweg wieder erreicht wird, auf dem man zum Bahnhof zurückwandert.

HERRSCHING – ANDECHS • 722 m

Von Herrsching auf den Heiligen Berg

 8,8 km 2:30 h 280 hm 280 hm 180

START | Bahnhof Herrsching, 538 m
[GPS: Breite N 47.997401° Länge E 011.171015°]
CHARAKTER | Leichte Wanderung.

Den einen interessiert die großartige Rokokokirche, den anderen die hochkarätigen Kulturveranstaltungen und fast alle das Bierstüberl und der Biergarten beim Kloster Andechs. Nicht nur das Bier, auch Schweinshaxen, Leberkäs und Andechser Käse haben es zu Recht zu Weltruhm gebracht und deshalb kommen enorm viele Besucher. Viele von ihnen kommen mit der S-Bahn und gehen zu Fuß zum Heiligen Berg und das ist vernünftig. Denn mit dem wohlschmeckenden Andechser Bier respektive seinem Alkohol im Blut darf man nicht mehr Auto fahren und vom Bahnhof in Herrsching, wo man kaum parken kann, gibt es zwei Wege nach Andechs. Der

Anmarsch am Hörndlweg ist gerade so lang, dass man in seiner Vorfreude nicht zu extrem auf die Folter gespannt wird und der landschaftlich noch schönere Rückweg durch das Kiental ist genau recht zum Auslüften, wenn man dem süffigen Bier zugesprochen hat ... Während es am Hörndlweg kaum Sitzgelegenheiten gibt (es pressiert ja nach Andechs), findet man am Rückweg für den müden Wanderer und gestressten Biergartenbesucher jede Menge Rastplätze.

▶▶ Vernünftigerweise reist man mit der S-Bahn an, kommt aus dem **Bahngelände** 01 heraus und über die Bahnhofstraße zur Tourismusinformation (Verkehrszen-

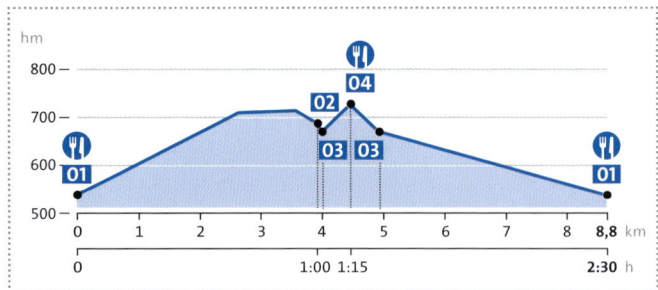

01 Herrsching, 538 m; **02** Erling, 686 m; **03** Kiental, 670 m; **04** Klosterkirche Andechs, 722 m

Wunderbarer Ausblick auf Andechs.

trale). Ein paar Meter nach Süden und gleich gegen Osten abdrehen, um dem Fußweg nach Andechs auf der Fischergasse zu folgen. Dann links auf die Mühlfelder Straße abbiegen und vor dem Gasthaus zur Post rechts haltend am Bach zur Andechsstraße.

Bei der goldenen Mariensäule rechts abzweigend dem Wegweiser zum Hörndlweg folgen. Er biegt sogleich links auf die Leitenhöhe ab, auf der man durch ein mondänes Villenviertel zur Abzweigung des Adolf-Ockert-Wegs ansteigt. Bei dieser Abzweigung links weiter, aus dem Ort hinaus und in den Wald. In einer Lichtung gabelt sich der Weg. Dort links weiter hinauf, an der folgenden Verzweigung nochmals links und auf einem deutlich ausgeprägten Höhenrücken dahin. Dann wechselt man nach links auf einen etwas breiteren Weg und folgt ihm in eine lang gezogene Waldlichtung. Dort sieht man erstmals durch die Bäume die wuchtige Klosterkirche von Andechs am Heiligen Berg thronen.

Wir wandern durch eine parkähnliche Landschaft zu den ersten Häusern von **Erling** 02 und gleich nach links auf den Wartaweiler

Alternativroute

Autofahrer tun sich in Herrsching schwer, einen geeigneten Parkplatz zu finden. Deshalb sollten sie der Einfachheit halber zwischen Frieding und Herrsching, beim Wanderparkplatz westlich des Galgenbühls losgehen. Dort finden sie einen großzügigen Parkplatz vor.

Von ihm geht es gegen Süden los und gleich bei der ersten Abzweigung nach links und bei der zweiten Verzweigung rechts weiter. Der Fahrweg führt zum Waldrand hinüber, steigt ein wenig an und verläuft über Wiesen und durch Wald im Wesentlichen immer in der gleichen Richtung dahin, bis nach rund 4 km Andechs erreicht ist. Zurück geht man auf der gleichen Route.

Weg, der gegen Osten abfällt. Er schnürt sich zu einem Pfad zusammen und fällt über viele Treppenstufen ins **Kiental 03** ab.

Im Talgrund, unmittelbar bei einem Wasserfall auf einer Brücke den Bach queren, dann links und gegen Norden direkt zur **Klosterkirche Andechs 04** hinauf. Den Weg in den Biergarten oder ins Bierstüberl wird – auch ohne Routenbeschreibung – kaum jemand verfehlen.

Zurück folgt man nur kurz dem Aufstiegsweg. Schon nach der ersten Treppenetappe zweigt man

Auf dem Hörndlweg von Herrsching nach Andechs.

Die Klosterkirche von Andechs.

bei der kleinen Kapelle rechts ab und geht neben der Klostermauer nach Westen hinunter. An der Verzweigung links und zum Brunnen mit der neugotischen Kapelle. Von diesem schönen Rastplatz nach Süden weiter, bis der Aufstiegsweg erreicht ist. Auf ihm ins **Kiental 03** hinab und rechts abzweigen. In der tiefen Bachschlucht, eingesäumt von markanten Nagelfluhfelsen nach Norden bis **Herrsching 01** talaus, wo auf der Andechsstraße der Zuweg erreicht wird. Auf ihm zum Bahnhof zurück.

STARNBERG – LEONI • 609 m

Wo unser König auf mysteriöse Art und Weise ums Leben kam

 7,1 km 2:00 h 40 hm 40 hm 180

START | Bahnhof Starnberg, 587 m
[GPS: Breite N 47.996357° Länge E 011.342883°]
CHARAKTER | Einfache Wanderung mit vielen Badegelegenheiten und einer schönen Rückfahrt mit dem Schiff.

Auf der Südseite des **Bahnhofs Starnberg** 01 verlässt man den S-Bahn-Bereich bei den Schiffsanlegestellen und folgt dem Uferweg zwischen Bahnstrecke und Seeufer nach links. Beim Wegweiser muss man nach rechts auf den **Nepomukweg** 02 einbiegen, dem man nun den See entlang folgt, um das Bad „Wasserpark" links herumgeht und auf der beweglichen Nepomukbrücke die Würm quert. Bald darauf geht es neben den Bootswerften nochmals über eine bewegliche Treppenbrücke und dann nach rechts auf weite Liegewiesen direkt am See.

Dann spaziert man lange auf dem Uferweg bis **Kempfenhausen** 03, biegt links ab, um zwischen blickdichten Gärten ein wenig anzusteigen und kommt nach einer Rechtskehre allmählich wieder zum See hinunter. Im weiteren Verlauf wird eine asphaltierte Seestraße erreicht, der wir weiter nach Süden durch das Promi-Viertel bis **Berg** 04 folgen.

Im Ort gehen wir am Haus des ehemaligen königlichen Leibfischers Lidl vorbei, in einem Linksbogen die Wittelsbacherstraße hinauf und dann nach rechts weiter, bis an beschilderter Stelle

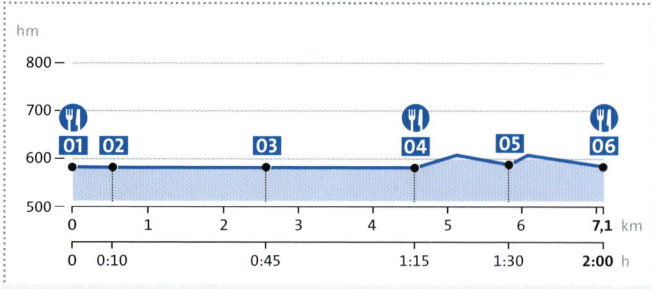

01 Bahnhof Starnberg, 587 m; 02 Nepomukweg, 584 m; 03 Kempfenhausen, 584 m; 04 Berg, 584 m; 05 Votivkapelle, 586 m; 06 Landungssteg Leoni, 585 m

STARNBERG

Höllberg

Moos

Murnau

NSG

585

Villa Rustica

Tierheim

Leutstettener

Truhensee

Heimatshausen

587

Moos

Percha

Alersberg

699

Schießstätte

Goldsee

Galgensee

952

PERCHA

Brückenwirt

02

13

Werft

Wasser-
park

Museum
Starnberger See

Undosa

2

636

620

629

648

03

Manthal

625

Harker

Kempfenhausen

Mahnthalhau

Mahntal

Niederckin

Martinsholzen

13

679

Hotel
Schloss Berg

04

Berg

640

St.Anna Kapelle

Farchac

Windsurfing-
Schule

Paradies-
Badeplatz

Kiosk Paradies

Frühtau

05

Votivkapelle

Sternwarte

683

nhofer

Seehotel Leoni

06

13

590

Gr
Ri

Leoni

646

Aufkirchen

Gasthof
Zur Post

Aufhausen

Seeleiten

0   500 m

Bismarck-
Turm

Assen-
hausen

Sibichhausen

Sternberg

Landungssteg in Starnberg.

ein Waldweg in den Schlosspark einmündet. Bei der Verzweigung müssen wir uns rechts halten und geradewegs zur **Votivkapelle** `05` gehen.

Nach dem Besuch der Todesstelle König Ludwigs II. und der Gedenkkapelle folgen wir dem breiten Kiesweg ein wenig abwärts und kommen auf Parkweg und Assenbucher Straße zum Seehotel in Leoni. Direkt vor dem Hotel befindet sich der **Landungssteg Leoni** `06` für das Linienschiff. Dort ist die Tour zu Ende.

Um den **Ausgangspunkt** `01` in Starnberg wieder zu erreichen, kann man mit dem Schiff fahren oder die gleiche Strecke zurück wählen.

Starnberg.

MAISINGER SEE • 654 m

Von Starnberg durch die Maisinger Schlucht

 15,9 km   4:00 h   120 hm  120 hm  180

START | Bahnhof Starnberg, 587 m
[GPS: Breite N 47.995702° Länge E 011.342845°]
CHARAKTER | Leichte, aber lange und abwechslungsreiche Rundtour mit Badegelegenheit im Maisinger See.

▶ Von der Seeseite der Bahnhofsunterführung in **Starnberg** 01 biegt man rechts ab und folgt dem breiten Uferweg nach Südwesten, bis man neben den Bootshütten nach rechts auf den beschilderten Museumsweg abzweigen kann. Hinter der Unterführung geht es auf der Bahnhofstraße bergauf, über die Weilheimer Straße und auf der Söckinger Straße dahin, bis nach links die Maisingerschluchtstraße abzweigt. Man kommt bald zu ihrem Ende, von dem ein schöner Kiesweg nach Südwesten verläuft und neben einem **Steg** 02 zu einem Querweg stößt. Dort links halten, über den Maisinger Bach,

gleich darauf rechts weiter und gegen Westen in die Maisinger Schlucht hinein.
Mehrmals quert man auf schmalen Stegen den idyllischen Bach, geht im Wald unter der Staatsstraße 2563 durch und folgt dem schönen Tal nach Südwesten. Im weiteren Verlauf schwenkt der Wanderweg etwas nach links, und steigt bis zu den ersten Häusern von **Maising** 03 an. Dort biegt man nach links in die Schluchtstraße ein, kommt zur Ortsstraße hinaus und geht auf ihr nach rechts, bis neben dem **Gasthaus Ludwig** 04 nach links ein schmaler Weg abzweigt. Dieser fällt im Buschwerk

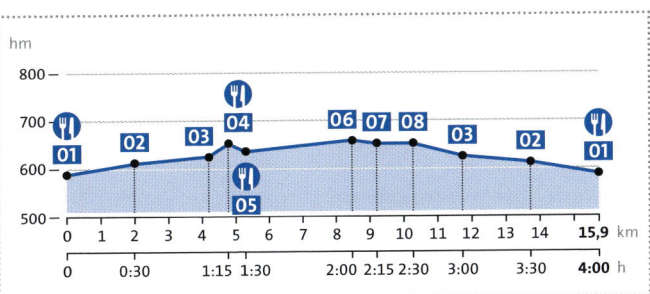

01 Bahnhof Starnberg, 587 m; 02 Steg, 610 m; 03 Maising, 628 m; 04 Gasthaus Ludwig, 647m; 05 Maisinger See, 635 m; 06 Maria-Hilf-Marterl, 653 m; 07 Jägersbrunn, 646 m; 08 Wegkreuz, 646 m

Der Maisinger See.

nach Westen ab und stößt nach einer Linkskurve auf einen breiteren Kiesweg. Auf ihm über freies Feld bis zur Asphaltstraße, die neben einer Kapelle erreicht wird. Auf der Straße nach links und direkt zur Wirtschaft am **Maisinger See** 05. Dort ist der einzige legale Badeplatz im Naturschutzgebiet. Vom östlichen Ufer führt ein breiter Weg nach Süden durch den Wald, dann Moorwiesen entlang und dreht neben einem Steg rechts ab.

Nun geht es gegen Westen weiter, bis etwa 200 m vor einem Hof nach rechts ein schmaler Feldweg abzweigt. Er bringt uns nach Norden in das Auwinger Moos, beschreibt eine Linkskurve und trifft auf ein Kiessträßchen. Diesem folgen wir nach rechts und kommen gegen Norden in den Wald hinein. Kurz vor der höchsten Stelle der Rundtour steht mitten im Wald das **Maria-Hilf-Marterl** 06. Hinter ihm geht es noch ein paar Meter aufwärts, und dann aus dem Wald hinaus und in den Weiler **Jägersbrunn** 07.

Am Ortsende von Jägersbrunn wird eine Kreuzung erreicht. Wir halten uns rechts und folgen einem asphaltierten Sträßchen mit

Kinder beim Planschen im Maisinger Bach.

schönen Alpenblicken nach Osten, an einem **Wegkreuz** `08` vorbei, bis Maising. Neben dem **Gasthaus** **Ludwig** `04` erreicht man wieder den Hinweg, dem man bis zum **Ausgangspunkt** `01` folgt.

RUND UM SEEWIESEN • 723 m

Stille Runde zwischen Starnberger- und Ammersee

 12,4 km ⏱3:00 h ↗200 hm ↘200 hm 📱180

START | Parkplatz bzw. Bushaltestelle Seewiesen, 680 m
[GPS: Breite N 47.980349° Länge E 011.251265°]
CHARAKTER | Beschauliche Rundwanderung in der ruhigen
Gegend zwischen Pöcking, Andechs und Machtlfing. Die Wege
sind meist nicht markiert, weshalb man eine gute Orientierungsgabe braucht. Am besten wäre es, ein Mountainbike zu nehmen,
das man im Wald zwischendurch aber schieben muss.

▶ Vom **Parkplatz Seewiesen** `01`
folgt man neben der Kreisstraße dem Fuß- und Radweg
zur Bushaltestelle und zweigt
links auf ein Sträßchen ab, das
zum Forschungsinstitut der
Max-Planck-Gesellschaft führt.
Bei der ersten Wegverzweigung
halten wir uns rechts und kommen hinter den Institutsgebäu-
den auf eine schmale Forststraße,
die sich bald in mehrere Äste auf-
teilt. Wir wählen die zweite Straße
von links, eine schmale und nasse
Fahrspur, die westlich des Eßsees
nach Süden führt und zu einer

Kiesstraße stößt. Dieser folgen wir
nach links und kommen an den
Rand einer großen Waldwiese.
Wieder erreicht man eine Kreuzung, wo man sich abermals links
hält, um dem nach Pöcking und
Aschering beschilderten Radweg zu folgen. Ein längeres Stück
steigt die Straße nach Südosten
an, und gleich hinter der Scheitelstrecke gehen wir bei der Verzweigung rechts, um weiterhin
sehr gering anzusteigen. Bevor
die Straße wieder abfällt, zweigt
auf der höchsten Stelle nach links
eine schmale Fahrspur ab, in die

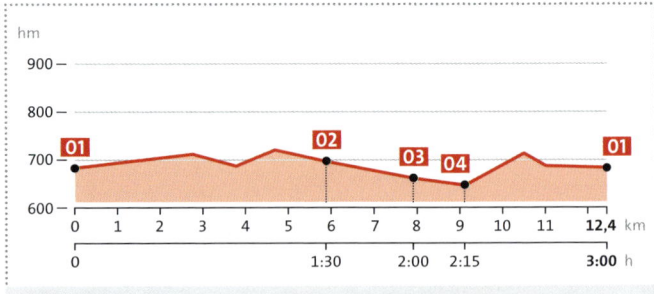

`01` Parkplatz Seewiesen, 680 m; `02` Fraulahof, 697 m; `03` Birkenholz,
663 m; `04` Aschering, 644 m

Nördlich von Machtlfing.

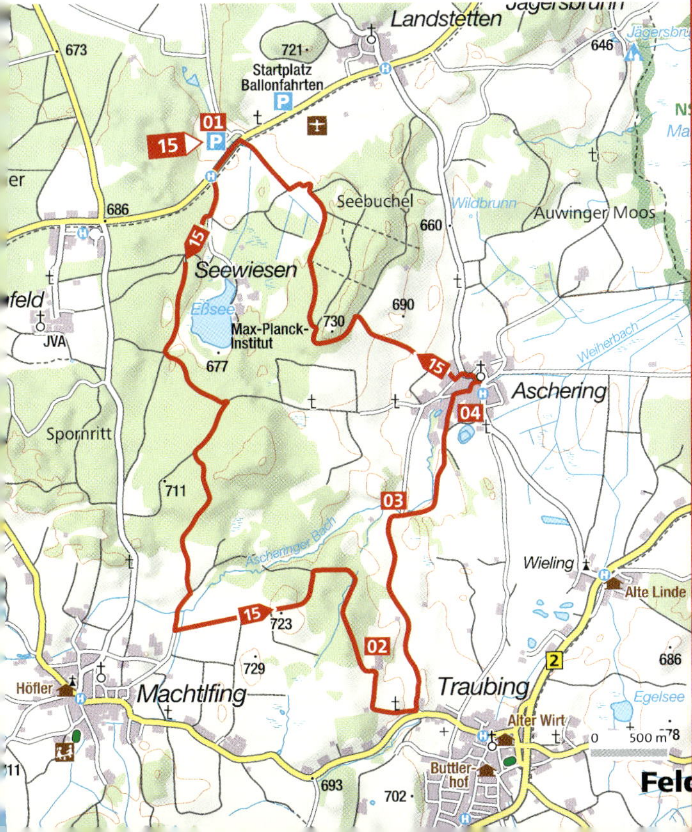

Sebastianskirche in Aschering.

wir einbiegen, um ihr nach Süden hinauf zu folgen.

Allmählich wird es spannend, denn die Fahrspur wird wohl schon länger nicht mehr genützt und ist auf kurzen Strecken zugewachsen und kaum zu erkennen. Im dichteren Wald ist sie aber wieder gut zu sehen.

Schließlich kommt man aus dem Wald heraus und in einsamer, aber schöner Voralpenlandschaft auf freies Feld. Bei der folgenden Einmündung geht es nach rechts weiter und bei der nächsten, noch vor Machtlfing, wieder links, um auf einem Asphaltweg gering, aber stetig bis zum höchsten Punkt der Wanderung auf 723 m Höhe anzusteigen.

In einem weiten Linksschwenk fällt der Weg im Wald ab, durch einen scharfen Rechtsschwenk und dann führt er ein wenig auf und ab. Nach einem weiteren Rechts-

bogen müssen wir bis zur Höhe von 709 m aufsteigen, und dann geht es gering abfallend weiter.

Beim **Fraulahof** `02` muss man nach rechts auf einen Asphaltweg einbiegen und kommt zum Wegkreuz, das an der Stelle der ehemaligen Wallfahrtskapelle Heilig Kreuz mit dem wundertätigen Kruzifix von Traubing stand.

Noch vor dem Ortseingang von Traubing und vor der Autostraße biegt man scharf links auf ein Feldsträßchen ein, das im Wesentlichen unter der Hochspannungsleitung nach Norden verläuft. Hinter einer Rechtskehre kommt man zu Rastplatz und Wegkreuz **Birkenholz** `03` neben dem Ascheringer Bach. Von dort unter der Stromleitung durch, durch einen Linksbogen und nach **Aschering** `04`.

Am Ortsanfang rechts halten, zur Sebastianskirche und links abbiegend auf der St.-Sebastian-Straße bis zum Andechser Weg. Auf ihn wieder links einbiegen und gleich darauf nach rechts in den Friedinger Weg. Er führt aus dem Ort hinaus, steigt zu einer Anhöhe an und knickt rund 100 m vor dem Waldrand links ab. Dort gehen wir geradeaus zum Waldsaum weiter, wo wir links einbiegen und in ausholendem Rechtsbogen bis zur Verzweigung aufsteigen. Bei ihr halten wir uns links und gehen sofort in einem weiteren Rechtsbogen nach Norden hinab.

Man darf es nicht übersehen, in einer Rechtskurve der Forststraße nach links auf einen kurzen Waldweg einzubiegen, der schon nach ein paar Meter zu einer großen Wiese führt. Am Waldrand links abbiegen und zu undeutlichen Fahrspuren, die im Zickzack über den Ballon-Startplatz zum **Ausgangspunkt** `01` zurückführen.

MESNERBICHL • 725 m

Von Andechs zur Stephanskapelle und zu einem einzigartigen Naturschutzgebiet

  9,3 km  2:30 h  130 hm  130 hm 180

START | Parkplatz in Andechs, 673 m
[GPS: Breite N 47.973752° Länge E 011.186474°]
CHARAKTER | Einfache Rundwanderung.

Die Wanderung führt durch eine großartige, parkähnliche Landschaft, wie sie vielfältiger nicht sein kann. Und es gibt immer wieder schöne Blicke auf den Heiligen Berg mit der Wallfahrtskirche und dem Bierstüberl, wo man die Tour beginnt und fröhlich enden lassen kann. Höhepunkt aber ist das Naturschutzgebiet Mesnerbichl. Ein Kleinod von hohem Rang, in dessen Moorwiesen Anfang Juli die seltene Sumpfgladiole in einem Massenbestand blüht, der in Deutschland einmalig ist. Diese Rundtour lässt sich übrigens auch bequem mit dem Fahrrad durchführen.

Knabenkraut im Naturschutzgebiet Mesnerbichl.

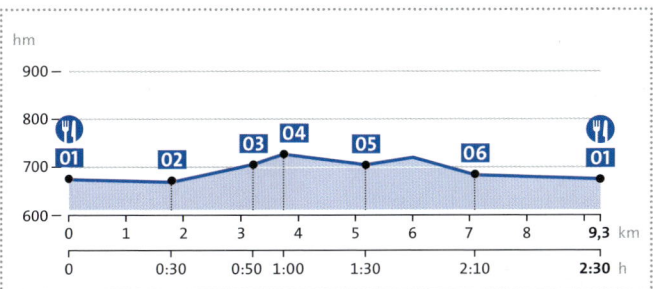

01 Kloster Andechs, 673 m; 02 Am Eisweiher, 669 m; 03 Stephanskapelle, 706 m; 04 Mesnerbichl, 725 m; 05 Naturschutzgebiet, 706 m; 06 Unterer Weiher, 683 m

▶ Vom großen Parkplatz unter dem **Kloster Andechs** `01` geht man gegen Süden durch Erling oder ein bisschen außen herum auf den St.-Elisabeth-Weg, beim Feuerwehrhaus rechts, auf dem Steinrinnenweg nach Süden weiter, zur Starnberger Straße und auf ihr nach rechts bis zum Maibaum. Dort links herum auf den Kerschlacher Weg, der aus Erling herausführt.

Hinter dem Gestüt verzweigt sich der Weg. Dort nach links auf den für den Autoverkehr gesperrten Asphaltweg „**Am Eisweiher**" `02`, der in eine prächtige Voralpenlandschaft führt. Vor einem bewaldeten Hügel beschreibt der Fahrweg einen Rechtsbogen, schwenkt dann wieder nach links, und man kommt unter der **Stephanskapelle** `03` zu Wegtafeln, von denen ein Wiesenpfad in ein paar Minuten zur Kapelle hinaufführt. Wenn die Kapelle auch selber nicht viel hermacht und meistens geschlossen ist, so hat man von der Bank dort oben immerhin eine eindrucksvolle Rundschau.

Nach dem kurzen Kapellenausflug geht man auf dem Fahrweg gut 100 m wieder zurück und biegt nach links auf einen Feldweg ein. Wir folgen dem Feldweg bis zu einer etwas breiteren Fahrspur unter dem **Mesnerbichl** `04`, auf der wir links abbiegen und zum Kreuzungssystem am südlichsten Punkt der Rundwanderung kommen. Dort rechts halten und an den Rand des einzigartigen Naturschutzgebiets Mesnerbichl.

Der Weiterweg beschreibt ein paar Bögen und bringt uns gegen Norden in geringem Gefälle durch das **Naturschutzgebiet** `05` und in den Wald hinein.

In der Talsohle zweigt nach links ein Schlepperweg ab, von dem ein kurzer Weg zum **Unteren Weiher** `06` führt. Von ihm geht man auf einer Fahrspur wieder zum Asphaltweg hinaus, nach links weiter, bis wieder der Hinweg erreicht ist, dem man zum **Ausgangspunkt** `01` folgt.

Wollgras im Naturschutzgebiet Mesnerbichl.

Kloster Andechs.

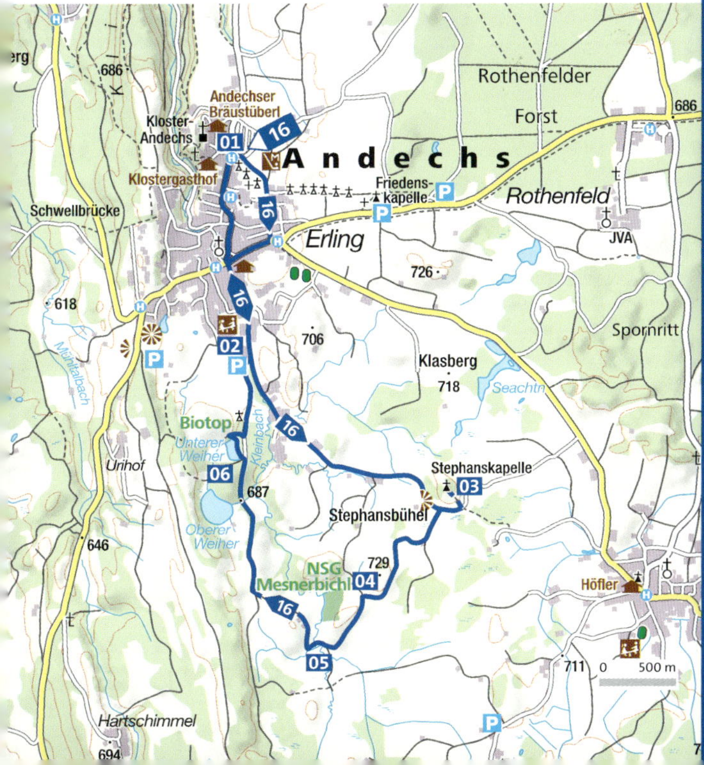

POSSENHOFEN – TUTZING • 631 m

Zu Besuch auf der Roseninsel

  9,4 km  3:00 h  70 hm  70 hm 180

START | S-Bahnhof Possenhofen, 630 m
[GPS: Breite N 47.962290° Länge E 011.293242°]
CHARAKTER | Einfache, aber lange Wanderung am Westufer des Starnberger Sees mit Besuch der Roseninsel.

Schloss Wörth auf der Roseninsel.

▶ Vom **S-Bahnhof Possenhofen** 01 folgt man zuerst den Wegweisern zur Jugendherberge in die Karl-Theodor-Straße hinab, geht an der Jugendherberge vorbei und folgt dem Radwegweiser in Richtung Tutzing. Man kommt aus Possenhofen hinaus und zu einen breiten Rad- und Fußweg, der neben dem Seeufer nach Süden führt. Bei der Weggabelung links weiter und zum Yachthafen beim Forsthaus am See. Um das Gasthaus Strandbad Feldafing müssen wir rechts herum und wieder links hinab, bis der Landungssteg für die kleine Fähre zur **Roseninsel** 02 erreicht ist. Den kleinen Ausflug zur Roseninsel hinüber und rund

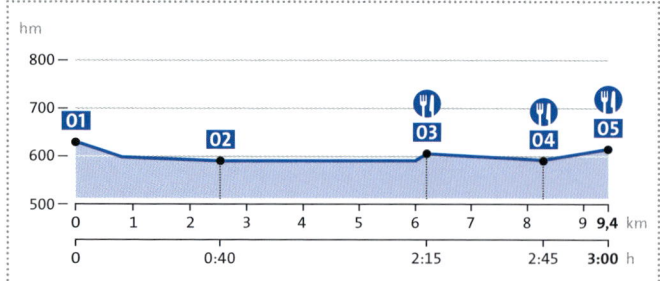

01 S-Bahnhof Possenhofen, 630 m; 02 Roseninsel, 590 m; 03 Garatshausen, 605 m; 04 Schiffsanlegestelle, 592 m; 05 Bahnhof Tutzing, 617 m

Pöcking

pöcki

669
Zur Post

Possenhofe

Wald

Lindenberg
Siedlung

Hotel Kefer

652

Kaiserin Elisabeth-Mus.

S Possen-
hofen

01

Possenh

Schiffsglocke

611

Jachthafen

Kalvarienberg

Hotel Kaiserin Elisabeth

Elisabeth

Forsthaus am See

Strandbad

Pölt

02

Roseninsel

Schloss
Roseninsel

Feldafing

645

Seewies

Kaserne

17

667

Malerwinkel

684

Pfaffenberg

Garatshausen

03

685

Politische Akademie

Härings Wirtschaft

Tutzing

17

Hotel am See

17

04

Evangelische Akademie

17

Tutzinger
Hof

S

05

Tutzinger Keller

Sportlerstüberl

Wümseestadion

629

Museumsschiff

0   500 m

um die kleine und einzige Insel im Starnberger See darf man sich keinesfalls entgehen lassen. Besonders schön ist es dort, wenn um das kleine Schloss Wörth herum im Juni die Rosen in voller Blüte stehen.

Anschließend folgt man dem Uferweg weiter nach Süden, durch den Park Feldafing mit Liegewiesen und schönen Badeplätzen, bis man vor dem **Schloss Garatshausen** 03 nach rechts ein wenig hinauf und dann wieder zum See hinab muss. Man kommt nun an Gasthäusern, Bade-, Segel- und Surfanlagen vorbei und hält sich beim Nordbad nach links zum See hinab, geht an der **Schiffsanlegestelle** 04 vorbei und erreicht den Kinderspielplatz und die Evangelische Akademie Tutzing. Dort biegt man rechts ab und hinter der Akademie nach links in die Monsignore-Schmid-Straße. Anschließend nach rechts auf die Graf-Vieregg-Straße, zur Hauptstraße hinauf und nach links bis zur Bahnhofstraße. Ihr folgt man

Katamaran am Starnberger See bei Tutzing.

bis zum **Bahnhof Tutzing** 05 hinauf.

Den Rückweg kann man mit der S-Bahn, dem Fahrrad oder dem Schiff absolvieren.

Ufer des Starnberger Sees bei Tutzing.

KERSCHLACH – HARTKAPELLE – PÄHLER SCHLUCHT • 722 m

Durch das Maimoos

 9,2 km 2:30 h 170 hm  170 hm 180

START | Kerschlach, 702 m
[GPS: Breite N 47.91916° Länge E 011.20760°]
CHARAKTER | Einfache Rundwanderung.

Diese schöne Rundwanderung im Fünf-Seen-Land bietet neben ein paar freien Ausblicken stille Waldwege und als Ziel die kleine Hartkapelle, mitten im Wald.

▶ Vom Parkplatz des Hofguts Kerschlach **01** geht es erst einmal auf einem Sträßchen nach Norden. Unmittelbar nach einer Rechtskurve zweigt kurz vor einem Aufschwung bei einem Stadel nach links ein unbefestigter Weg ab, der in den Wald eintaucht. Nach gut 200 Meter beginnt auf der rechten Seite eine alte Schlepperspur **02**. Auf ihr kommt man (bei der Verzweigung geradeaus) an einem Tümpel beim Maimoos vorbei. Auf dem Waldweg weiter, über die folgende Forststraßenkreuzung geradeaus hinüber und mit dem Fahrweg in ein paar Kurven nach Westen abdrehen.

Schließlich werden ein Wegekreuz **03** und eine Straßeneinmündung erreicht, wo man rechts abbiegt, und weiter geht, bis nach links in einer ein breiter Weg abzweigt **04**. In einer Senke

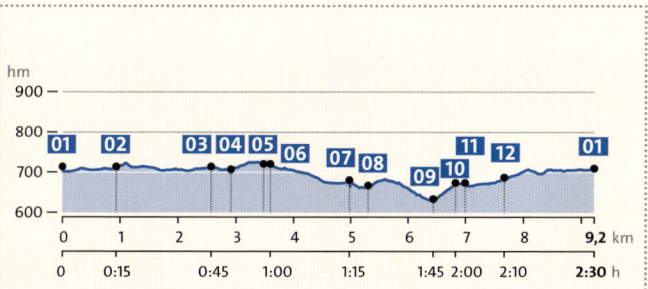

01 Kerschlach, 702 m; **02** Waldweg, 702 m; **03** Wegkkreuz, 705 m;
04 Abzweig zur Hartkapelle, 702 m; **05** Senke, 722 m; **06** Hartkapelle, 713 m; **07** Abzweig zum Hochschlossweiher, 663 m; **08** Hochschlossweiher, 659 m; **09** scharf links, 629 m; **10** Parkplatz, 644 m; **11** Straßendreieck, 683 m; **12**

Das Hochschlossweiher.

verzweigt sich die Route **05**. Wir halten uns links und kommen gleich darauf zur kleinen Hartkapelle **06**. Von dort verläuft die Route gegen Süden weiter.

Unmittelbar vor einer Linkskurve des Sträßchens zweigt rechts ein schmaler Pfad ab **07**, der kurz parallel zur Straße verläuft und zum stillen Hochschlossweiher **08** führt (im Sommer Badegelegenheit). Dann fällt er westlich des Weihers nach Süden ab, und gibt freie Ausblicke frei. Er stößt zu einem Sträßchen, auf das man scharf nach links einbiegt **09**, um bis zum Parkplatz **10** beim Golfplatz anzusteigen. Dort links abbiegen, bei der nächsten Verzweigung am Waldrand rechts halten **11** und beim folgenden Straßendreieck **12** links weiter. Auf dem Fahrweg geht es schließlich zum Hofgut Kerschlach **01** zurück.

Barfuß durch das Wasser in der
Pähler Schlucht.

Die Pähler Schlucht

Ganz in der Nähe dieser Wanderung findet sich die eindrucksvolle und landschaftlich atemberaubende Pähler Schlucht. Nach starken Regenfällen sind die steilen Felswände, die die Schlucht einsäumen, labil geworden und können jederzeit zusammenbrechen. Wegen der damit verbundenen Gefahren wird dringend davon abgeraten, in die Schlucht zu gehen. Die Wege sind verfallen und gesperrt.

DEIXLFURTER SEE • 694 m

Spaziergang bei Tutzing

 5,8 km 1:30 h 100 hm 100 hm 180

START | Bahnhof Tutzing, 612 m
[GPS: Breite N 47.775203° Länge E 012.144297°]
CHARAKTER | Kurze und leichte Wanderung zu den schönen
Fischteichen nördlich der Ilkahöhe.

▶ Den Bahnhof in **Tutzing** 01 verlassen wir auf seiner Westseite und folgen dem Wegweiser zum Deixlfurter See. Es geht über ein paar Treppenstufen hinauf, und am oberen Rand des Treppenwegs biegt man rechts ab. Nun folgt man dem Beringerweg nach rechts und biegt an beschilderter Stelle (zur Ilkahöhe) links in den Himbeerweg ein. Er schnürt sich bald zu einem Wanderweg zusammen und steigt über viele Treppenstufen zwischen Wohnhäusern mit großen Gärten an. Am Höhenberg erreichen wir dann eine Fahrstraße, halten uns links, gehen durch ein paar Kurven und dann durch eine schattige Lindenallee bis in den Wald weiter. Bei der Kreuzung geradeaus, und gleich darauf wird ein kleiner Parkplatz erreicht. Bei ihm halten wir uns rechts und wandern auf einer schmalen Straße zum Ortsrand von Obertraubing weiter. Dort erreicht man die Bavariastraße, auf der man sich rechts hält und im weiteren Verlauf auf der Kustermannstraße noch rund 100 m weit geht.

In der Rechtskurve der Straße muss man links auf einen Kiesweg einbiegen, der zum Ostufer des **Deixlfurter Sees** 02 führt. Dort verlässt man den rechts abbiegenden Fahrweg und folgt einem schmalen Pfad, der zwischen dem Deixlfurter See und einem ihm östlich vorgelagerten Fischteich

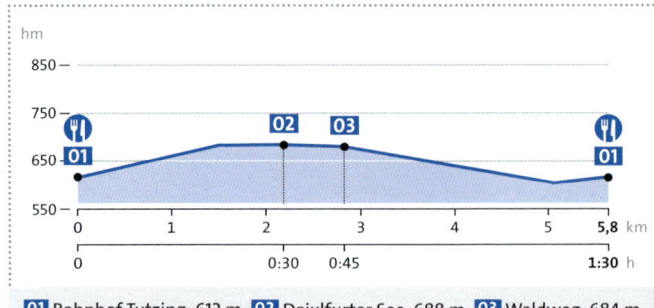

01 Bahnhof Tutzing, 612 m; 02 Deixlfurter See, 688 m; 03 Waldweg, 684 m

Am Deixlfurter See.

726
727
Langer Weiher
Pfaffenberg
Deixlfurt Gut
685
Garatsha
Deutenberg
Markelfilz
Deixlfurter See
02
Politische Akademie
Ober-traubing
Härings Wirtschaft
19
Tutzing
19
Hotel am See
19
704
Evangelische Akademie
03
19
Tutzinger Hof
Ilkahöhe
726
Tutzinger Keller
629
Sportlerstüberl
Würmseestadion
Forsthaus Ilkahöhe
Oberzeismering
Museumsschiff
oßholz

0   500 m

Seekanne am Deixlfurter See.

Meter weiter vorne nach rechts auf einen dunklen **Waldweg** 03 abzuzweigen. Er steigt über eine Kuppe an und verlässt den Wald auf freies Feld, bis er zu einem Hof am Ortsrand von Tutzing stößt.

Vom Hof folgen wir noch kurz einem Sträßchen, das wir in der Linkskurve auf schmalem Waldpfad geradeaus verlassen. Der enge Weg fällt zur Kreuzeckstraße ab. Dieser folgen wir bis zur Zugspitzstraße, biegen rechts ab und gehen bis zur Herzogstandstraße. Sogleich, im Rechtsknick der Straße, geradeaus weiter und auf dem Benediktenweg bis zur Traubinger Straße hinab. Auf ihr rechts haltend bis kurz vor die Bahnunterführung und nach rechts auf die Heinrich-Vogl-Straße. Auf ihr gehen wir neben dem Bahngleis dahin, kommen im weiteren Verlauf wieder auf den Beringerweg und bald darauf zum **Bahnhof Tutzing** 01 zurück.

nach Norden bis zum Seeende führt. Bei der Einmündung geht es rechts weiter, und beim Wegedreieck schräg links auf einen Fahrweg. Bei der nächsten Einmündung folgen wir einer Kiesstraße geradeaus weiter, um ein paar

Zum Baden ist der Deixlfurter See nicht geeignet.

SANKT COLOMAN • 659 m

Im Münsinger Bauernland

 12,7 km 3:45 h 180 hm 180 hm 180

START | Münsing, Kellerer Berg/Schwabbrucker Straße, 669 m
[GPS: Breite N 47.906250° Länge E 011.338291°]
CHARAKTER | Weitgehend einsame, landschaftlich schöne und
leichte Rundtour mit Badegelegenheit im Buchsee.

▶ Vom kleinen Parkplatz am Ende des **Kellererbergs** 01 geht man zur Schwabbrucker Straße hinab und auf ihr knapp 100 m nach Westen, bis der erste Schlepperweg rechts abzweigt. Auf ihm am Waldrand zur Autostraße hinauf und unmittelbar vor ihr nach links auf einen Kiesweg einbiegen. Er fällt im Wesentlichen nach Norden gering ab, führt über freies Feld, kurz durch einen Wald und dann als Wiesenweg direkt in den Biergarten des **Wirtshauses am Buchsee** 02. Von dort kann man gegen geringes Eintrittsgeld zum **Buchsee** 03 hinabgehen und ein erfrischendes Bad nehmen.

Der Weiterweg führt vom Wirtshaus auf einem Feldweg nach Norden weiter, später nach Nordosten und auf eine schmale Asphaltstraße, der man nach links folgt. Im Wald, dann über freies Feld und in einem Linksbogen zur Straßeneinmündung bei **Schwabbruck** 04. Am Ortsrand von Schwabbruck biegt man in die zweite Einmündung rechts ab, um dem Wegweiser nach Starnberg zu folgen.
Rund 100 m hinter der Waldgrenze wählt man bei der Einmündung die linke Variante, um einer relativ breiten Kiesstraße zu folgen, die durch den Wald und freie Wiesen

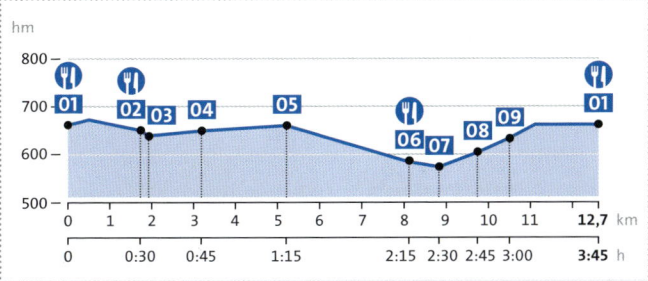

01 Münsing, 659 m; 02 Wirtshaus Buchsee, 648 m; 03 Buchsee, 639 m;
04 Schwabbruck, 647 m; 05 Sankt Coloman, 657 m; 06 Ammerland, 587 m;
07 linker Weg, 576 m; 08 links abbiegen, 602 m; 09 Wegedreieck, 632 m

Sankt Coloman.

zur Einmündung bei Weiperts-hausen führt. Etwa 50 m folgt man der Autostraße nach Norden und biegt sogleich links nach Weipertshausen ab. Aber schon bei der ersten Abzweigung halten wir uns rechts und auch beim ersten Feldweg geht es rechts herum zu einer Schlepperspur, die man links abbiegend verlässt, um zum bewaldeten Hügel anzusteigen, auf dem die Kapelle **Sankt** **Coloman** 05 steht. Auf gleichem Weg geht es wieder zurück nach Weipertshausen und nach Süden durch den Ort. Allerdings müssen wir kurz vor dem Ortsende rechts abzweigen und einem Fahrweg folgen der über freie Wiesen (mit schönem Rückblick nach Sankt Coloman) und dann durch dichten Wald gegen Südwesten gering abfällt. Bei der Verzweigung halten wir uns rechts und kommen nach

Münsing.

Ammerland `06`, wo wir der Nördlichen Seestraße bis zur Ammerlander Hauptstraße folgen. Auf sie rechts einbiegen, rund 250 m weit am Ufer des Starnberger Sees entlang und dann nach links auf den Kapellenweg, auf dem wir direkt den Biergarten der Gastwirtschaft Gerer erreichen.

Gut 100 m hinter der Wirtschaft zweigen in einer Linkskehre der Straße etliche Forstwege ab. Wir wählen den **linken** dieser **Wege** `07`, der nach Südosten in den Wald führt und sich am Rande einer Lichtung verzweigt. Dort müssen wir **links abbiegen** `08` und in spürbarem Anstieg zur Verzweigung südlich von Staudach hinauf. Bei der Abzweigung rechts weiter, immer dem Hauptweg folgen und bei einem **Wegedreieck** nach **links** `09`, bis hinter dem Waldrand der Kirchturm von Münsing sichtbar wird.

Anschließend geht es an einem Bauernhof vorbei, auf dem Asphaltweg zum Sportgelände mit der Wirtschaft Pinocchio und dem Fußweg folgend nach Münsing hinein.

Wir queren die Hauptstraße, folgen dem Kirchberg hinab und biegen links in die Schwabbrucker Straße ein, auf der der **Ausgangspunkt** `01` wieder erreicht wird.

ILKAHÖHE • 726 m

Ungewöhnliche Route von Oberhirschberg

 16,3 km 4:15 h 300 hm 300 hm 180

START | Waldparkplatz, 700 m östlich von Oberhirschberg, 682 m [GPS: Breite N 47.903142° Länge E 011.219336°]
CHARAKTER | Weite und aussichtsreiche Rundwanderung.

Normalerweise beginnen Besuche auf der Ilkahöhe direkt beim Parkplatz in Oberzeismering oder an der S-Bahn in Tutzing. Hier ist eine ungewöhnliche, aber schöne Route vorgestellt, die neben der Ilkahöhe einen Moorweiher zum Baden und eine lange Waldwanderung als Highlights zu bieten hat. Wer die Strecke von 16 km mit dem Fahrrad abstrampeln möchte, kann bis auf ein kurzes Stück in Oberzeismering alles gut im Sattel bewältigen.

▶ Vom großen **Waldparkplatz** 01 folgt man einer Forststraße im Wesentlichen nach Süden hinab, hält sich beim Holzplatz links und gleich darauf ist man am **Maistättenweiher** 02. Der schönste Badeplatz lässt sich am südöstlichen Ufer finden.

Anschließend auf dem Fahrweg nach Osten weiter, durch Wald und über freie Wiesen, bis die Fahrstraße nördlich von Diemendorf erreicht ist. Auf ihr geht es nun rund 500 m weit nach Süden, dann neben einem Stadel nach links auf einen Fahrweg in den Wald hinein und nach Nordosten weiter.

Nach längerer, schnurgerader Steigungsstrecke wird bei der Stromleitung ein Querweg er-

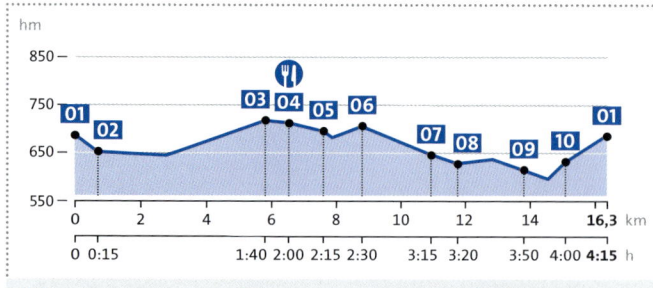

01 Waldparkplatz, 682 m; 02 Maistättenweiher, 651 m; 03 Ilkahöhe, 726 m; 04 Forsthaus Ilkahöhe, 720 m; 05 Gut, 689 m; 06 Großholz, 706 m; 07 Stadel, 647 m; 08 Diemendorf, 626 m; 09 Gut Rößlberg, 615 m; 10 Herrgottsrast, 635 m

Blick von der Ilkahöhe über den Starnberger See auf die Alpenkette.

reicht, dem man nach links folgt. Hinter dem Rechtsbogen weiterhin stramm bergauf und bei der Verzweigung geradeaus weiter. Schließlich kommt man auf einem weitgehend freien Aussichtsrücken neben einem Tümpel zu einem Kreuzungssystem. Dort zuerst links halten, sofort darauf nach rechts und auf dem Fußweg zur **Ilkahöhe** `03` hinauf. Der Länge nach gegen Norden über die

Kirche in Oberzeismering auf der Ilkahöhe.

aussichtsreiche Ilkahöhe, rechts auf eine Straße einbiegen und zum Parkplatz hinab. Dort rechts herum und eine Etage tiefer wieder nach Süden zurück. Vor der Einfahrt zum landwirtschaftlichen Gutshof links halten und zur kleinen Kirche und dem **Forsthaus Ilkahöhe 04**.

Am Gasthaus links vorbei, einem schmalen Weg steil in den Wald hinab folgen, durch einen Bachgraben und im Rechtsbogen wieder zu einer Straße hinauf. Auf ihr nach rechts und ein paar Meter zum südlichen Eingang des **Guts 05**, wo man sich links hält und gleich darauf wieder nach

links auf eine Schlepperspur abzweigt. Sie steigt über einen langen Wiesenhang an, führt über eine Kuppe und fällt im **Großholz 06** nach Westen ab. Bei der ersten Verzweigung rechts herum, sogleich nach links und bei der Stromleitung nahe an den Hinweg heran.

Anschließend nach Westen weiter und bei der ersten Möglichkeit links herum. Nun geht es lange auf einem Fahrweg, der immer schmäler und schlechter wird, südlich des Gräbenbachs durch Wald und über freie Wiesen zur Kreuzung kurz vor einem **Stadel 07**. Dort rechts, wieder über

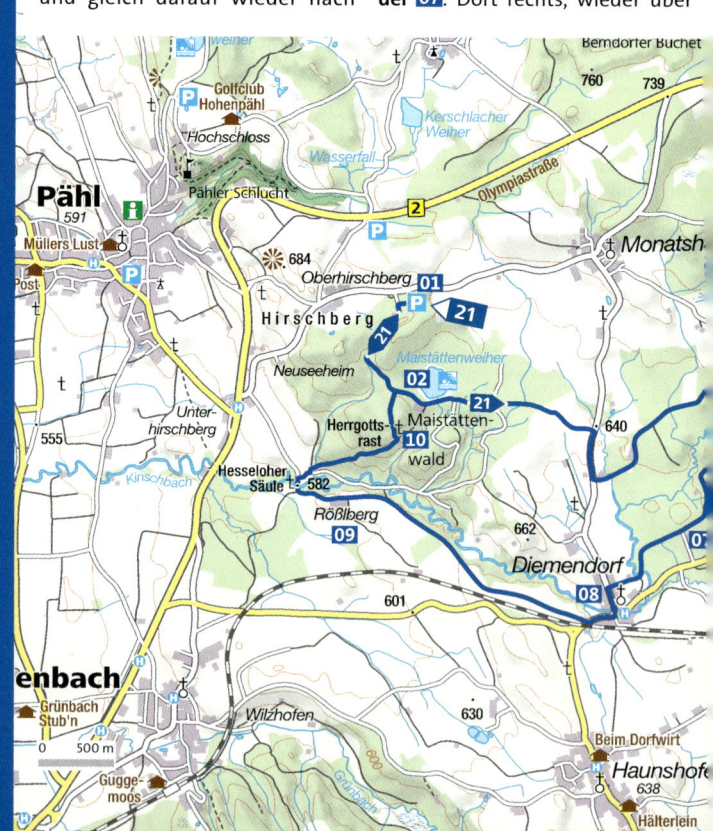

eine Wiesenkuppe und dahinter auf deutlich besserem Weg durch den Wald zum Kinschbach hinunter. Unmittelbar hinter dem Bach biegt man rechts ab und kommt nach **Diemendorf** `08` hinein. Auf der Hauptstraße nach links, beim Kriegerdenkmal rechts herum Richtung Weilheim und unmittelbar vor dem Bahnübergang rechts abzweigen. Eine lange Schotterstraße führt nun neben der Bahnstrecke zum malerisch gelegenen **Gut Rößlberg** `09`, hinter dem man in einer Rechtskurve einen Abstecher von ein paar Metern nach links zur Heseloher Säule einlegen kann. Die Säule wurde im Jahr 1483 zum Gedenken an den Landrichter und Volksdichter Hans Heseloher errichtet.

Die weitere Route fällt wieder zum Kinschbach ab und nach rechts zu einer schmalen Forststraße. Bei der Verzweigung links, und dann auf dem Hauptweg bleibend (also rechts) lange mühsam aufwärts, bis sich unmittelbar bei der **Herrgottsrast** `10` der Fahrweg verzweigt.

Beim Rastplatz hält man sich links, geht weiter aufwärts und kommt schließlich zum Hinweg, dem man zum **Ausgangspunkt** `01` hinauf folgt.

HARDTKAPELLE • 649 m

Kapellenrundtour

 12,1 km 3:15 h 190 hm 190 hm 180

START | Wilzhofen, alter Bahnhof, 588 m
[GPS: Breite N 47.873871° Länge E 011.198753°]
CHARAKTER | Unschwierige Rundwanderung.

Gut 12 km ist diese Kapellenrundtour lang, und wer sie nicht zu Fuß absolvieren will, kann das Meiste der Strecke auch mit dem Fahrrad abstrampeln. Dann braucht man insgesamt nur eine gute Stunde. Glanzlichter der Tour sind der Josefsweiher, ein mitten im Wald versteckter Moorweiher, in dem Unerschrockene baden können, die ebenfalls im Wald versteckte Aloisiuskapelle und die Hardtkapelle, die es zu ein wenig Berühmtheit gebracht hat. Auf dem Rückweg gibt es zwischen Haunshofen und Wilzhofen freie Alpenblicke.
Die gesamte Rundtour ist weder markiert noch beschildert. Man muss also gut mit der Karte umgehen können, damit man sich nicht verirrt.

▶ Vom Gasthaus Guggemoos neben dem Bahnhofsgebäude in **Wilzhofen** 01 folgt man einer Straße nach Nordosten, biegt rechts ab und quert die Bahnstrecke. Dann geht es in zwei Kehren nach Süden durch den Wald hinauf, bis nach 2 km auf der linken Seite ein Sträßchen abzweigt. Man folgt ihm rund 300 m zur **Aloisiuskapelle** 02, die neben einer Straßenkreuzung steht. Von dort ist ein kurzer Abstecher nach Nordwesten zum Josefsweiher hinunter möglich.

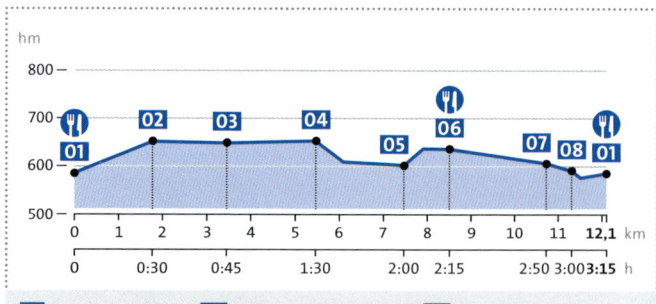

01 Wilzhofen, 588 m; 02 Aloisiuskapelle, 649 m; 03 Moosschwaige, 646 m; 04 Hardtkapelle, 649 m; 05 Waldeck, 603 m; 06 Haunshofen, 638 m; 07 Kapelle, 608 m; 08 Bahnstrecke, 593 m

Der Weiterweg verläuft von der Aloisiuskapelle nach Südosten und trifft inmitten prächtiger Waldwiesen zur **Moosschwaige** 03. Unmittelbar vor dem Gebäude biegt man links ab, kommt an einem Wegkreuz vorbei und dreht am Waldrand rechts ab. Hinter der Pferdekoppel geht es durch einen Rechtsbogen und auf eine wenig befahrene Asphaltstraße,

der man nach links bis zur **Hardtkapelle** 04 folgt. Vom Parkplatz bei der Kapelle geht man auf dem Kreuzweg nach Norden, biegt mit ihm auf schmalem Pfad rechts ab und folgt ihm zur Autostraße hinunter. Nun geht es am Rand der Straße nach links weiter und gegen Norden, bis diese kurz vor der Hangkante einen Rechtsbogen beschreibt. In diesem Bogen müs-

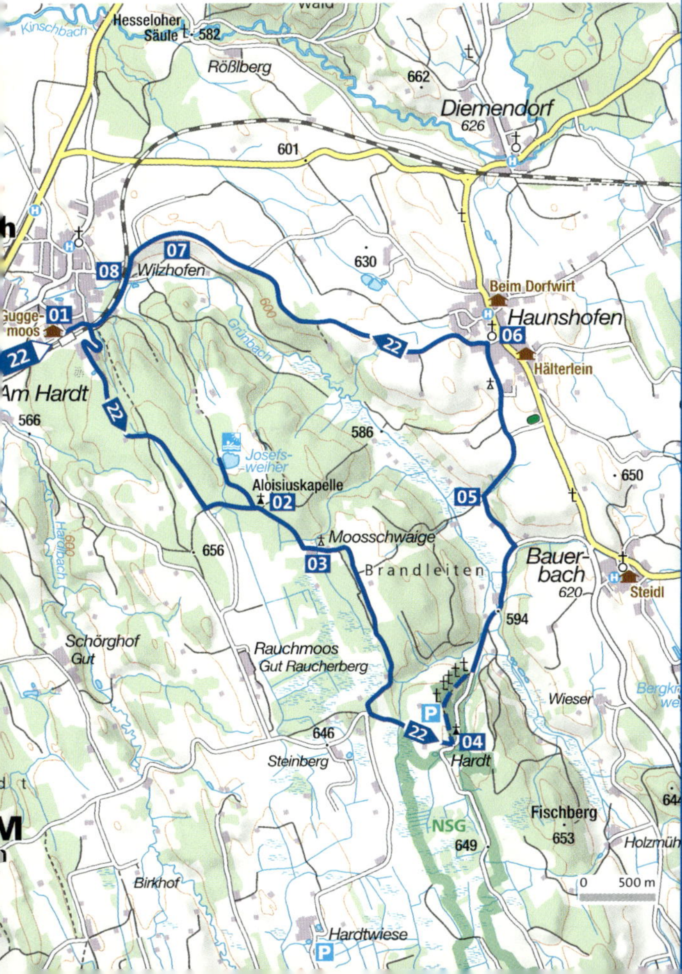

Ein stolzer Hahn auf dem Gut Rösslberg.

sen wir links abbiegen, um einem Feldweg zu folgen, der neben einem **Waldeck** `05` auf eine schmale Asphaltstraße stößt. Auf ihr mit bis zu 18 % Steigung nach Norden hinauf, in freies Feld und am Sportplatz vorbei. Am Ortsrand von **Haunshofen** `06` biegt nach links die Straße „Im Gögenreis" ab. Auf ihr in geringem Auf und Ab auf panoramareicher Strecke nach Westen, an der neuen **Kapelle** `07` vorbei und unmittelbar vor der **Bahnstrecke** `08` links abbiegen, um am Rande des Hochwasserrückhaltebeckens wieder in den Wald einzutauchen, bis beim Bahnübergang wieder der Hinweg erreicht wird. Auf ihm zum **Ausgangspunkt** `01` zurück.

Hardtkapelle.

BERNRIEDER PARK • 631 m

Rundtour am Starnberger See

 10,5 km 2:45 h 60 hm 60 hm 180

START | Bahnhof Bernried, 631 m
[GPS: Breite N 47861598° Länge E 011.292046°]
CHARAKTER | Schöne Rundtour durch den Bernrieder Park mit Badegelegenheit im Starnberger See.

▶ Auf der Bahnhofstraße geht man vom **Bahnhof Bernried** **01** zuerst nach Nordosten hinab, biegt nach rechts in die Straße „Am Grundweiher" ein und schwenkt mit einer Straßenkurve links herum, um unmittelbar vor dem Feuerwehrhaus nach rechts in den Stiftungspark der Wilhelmina-Bush-Woods-Stiftung hineinzugehen.

Nun geht es geradeaus durch den Park, bei der **Verzweigung rechts** **02** und lange in der gleichen Richtung bis auf einen Wiesenweg. Hinter ihm kommt man wieder auf einen breiten Kiesweg und folgt ihm weiterhin nach Süden.

Nach links zweigt ein Fußweg ab, wir aber bleiben auf dem Sträßchen, das zur Staatsstraße 2063 führt. Auf ihr kurz bis Seeseiten nach links, und unmittelbar vor dem **Gasthof-Café Seeseiten** **03** zweigt ein Weg zum **Freizeitgelände Seeseiten** **04** ab. Man kommt an der Kapelle vorbei, und wer mag, kann nach rechts auf ein Bad zum See hinunter gehen.

Ein schöner Wanderweg biegt unmittelbar hinter der Kapelle nach links ab, quert auf einem Steg einen Bach und führt über freie Wiesen, Schilf und Buschwerk am Schloss vorbei und schließlich in schattigen Wald hinein. Wie-

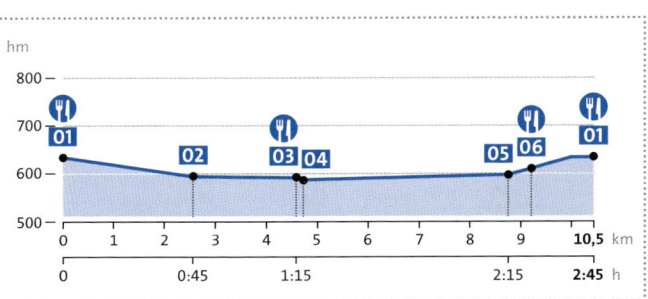

01 Bahnhof Bernried, 631 m; **02** Verzweigung rechts, 595 m; **03** Gasthof-Café Seeseiten, 594 m; **04** Freizeitgelände Seeseiten, 590 m; **05** Weg, 599 m; **06** Sankt Martin, 606 m der kommt man auf ein Sträßchen, geht bei der Verzweigung rechts und bei der nächsten Verzweigung am Rand einer großen Lichtung abermals rechts. Nun folgt man dem Wegweiser nach Bernried zum Ufer hinab, geht ans Seeufer heran und an etlichen kleinen, aber feinen Badeplätzen vorbei.

In einer Steigungsstrecke zweigt nach rechts ein **Weg** `05` ab, auf dem wir nach Bernried und zur östlichen Klostermauer am Seeufer hinuntergehen. Am Mauerende nach links hinauf, zur Pfarrkirche **St. Martin** `06` und links haltend bis zum Feuerwehrhaus, wo der Hinweg wieder erreicht wird, dem man bis zum **Bahnhof** `01` folgt.

Pferdekutsche im Bernrieder Park.

NUSSBERGER WEIHER • 641 m

Bei den Pfaffenseen

 8,8 km 2:30 h 70 hm 70 hm 180

START | Bahnhof Bernried, 631 m
[GPS: Breite N 47.861138° Länge E 011.261645°]
CHARAKTER | Stille Waldwanderung auf unmarkierten Forst-straßen und Wegen.

In der ruhigen Wald- und Wiesen-gegend südöstlich von Bernried gibt es etliche Weiher, die zur in-tensiven Fischzucht genützt wer-den und deshalb zum Baden nicht geeignet sind. Aber sie bilden land-schaftliche Höhepunkte, in deren Wasserflächen sich der weiß-blaue Himmel vor der eindrucksvollen Al-penkulisse spiegelt.

▶ Beginnen wir die Rundwande-rung beim **Bahnhof Bernried 01**, wo es für Autofahrer reichlich Parkplätze gibt. Zunächst folgt man der Zugspitzstraße nach Norden, geht auf dem Fuß- und Radweg neben dem Bahngleis bis zur Weilheimer Straße, biegt

auf sie links ein und quert die Bahnstrecke.

Weiter vorne zweigt man nach links in die Straße „Am Sport-platz" ein und hält sich rechts auf den Hapberger Weg. Der Besuch der Pestkapelle, zu der nach rechts Wegweiser in ein Wohngebiet führen, lohnt sich nicht.

Hinter einem Hof verlässt man am Rande von Pferdekoppeln den Ort und stößt im weiteren Verlauf auf ein Asphaltsträßchen, das in den Wald eintaucht und nach Süden, später Südwesten zu dem im Wald versteckten **Neusee 02** führt.

Vom Südufer dieses Waldweihers gehen wir auf einem Sträßchen

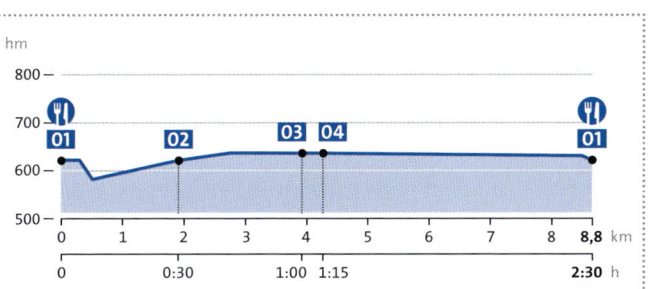

01 Bahnhof Bernried, 631 m; **02** Neusee, 618 m; **03** Hapberger Weiher, 633 m; **04** Nußberger Weiher, 633 m

weiter. In einer Steigungsstrecke verzweigt sich der Weg mitten im Wald. Dort links weitergehen und bei der darauffolgenden, zweiten Verzweigung gleich wieder links, um einem deutlich schmäleren Waldweg nach Süden zu folgen. Er knickt im weiteren Verlauf links ab und weitet sich deutlich. Dort verlassen wir den Waldweg geradeaus, also gegen Westen und folgen einem schmalen Pfad, der meist ziemlich zugewachsen und dornig am Waldrand am Weidezaun entlangführt, bis er zu einem geschotterten Querweg stößt.

Auf ihn links einbiegen, auf einer Trittstufe über den Weidezaun und auf einem Wiesenweg nach Süden bis zu einem Wohnhaus am Ufer des **Hapberger Weihers** 03. Dort wird wieder ein Asphaltweg erreicht.

Am Ostufer des Hapberger Weihers muss man sich rechts halten und zum Weiler Nußberg, zur Sebastianskapelle und zum **Nußberger Weiher** 04 hinübergehen. Dort stehen zahlreiche Walnussbäume, wie es sich am Nußberger Weiher gehört.

Auf dem Sträßchen durch eine Linkskurve und auf die Autostraße in Richtung Bernried weitergehen, also links herum. Die erste Forststraßenabzweigung lassen wir links liegen und erst bei der zweiten gehen wir nach links in den Wald hinein. Die Forststraße schlängelt sich ein wenig auf und ab, dreht nach rechts und verzweigt sich am Waldrand kurz vor Adelsried. Nun links halten und bis zum Asphaltsträßchen, wo der Hinweg wieder erreicht wird, dem man bis zum **Ausgangspunkt** 01 zurück folgt.

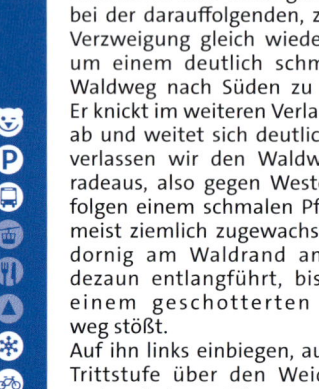

Am Neusee.

Mächtiger Stier auf der Weide beim Hapberger Weiher.

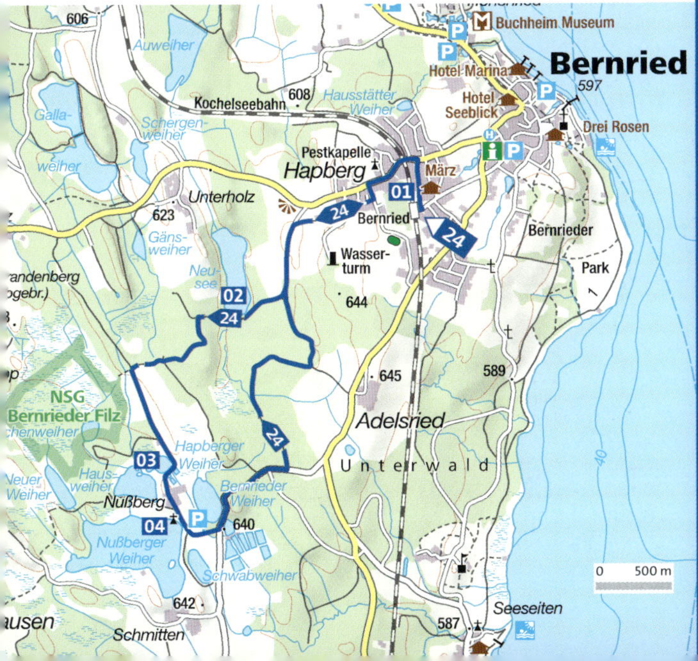

SEESHAUPT – EICHENDORF • 666 m

Durch das Naturschutzgebiet Frechensee

 11,9 km 3:30 h 170 hm 170 hm 📱 180

START | Bahnhof Seeshaupt, 600 m
[GPS: Breite N 47.822951° Länge E 011.287340°]
CHARAKTER | Leichte Rundwanderung ohne größeren Höhenunterschied.

Wegweiser zur Schlossgaststätte Hohenberg.

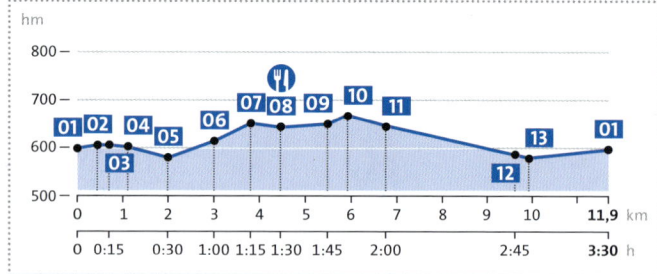

01 Bahnhof Seeshaupt, 600 m; **02** Parkplatz, 604 m; **03** Parkplatz am Grundwassersee, 604 m; **04** links abbiegen, 601 m; **05** Frechensee, 585 m; **06** Ellmann, 611 m; **07** Scheitelstrecke Hohenberg, 651 m; **08** Hohenberg, 644 m; **09** Kreuzung, 649 m; **10** Eichendorf, 666 m; **11** Tradfranz, 646 m; **12** Toteiskessel, 590 m; **13** Frechensee, 585 m

Nordwestlich des Naturschutzgebiets Ostersee gibt es das kleine Schutzgebiet Frechensee. Der eiszeitliche See, der immer mehr verlandet, ist ausgesprochen schön und als Ziel einer Wanderung von Seeshaupt aus fast zu nahe. Deshalb dehnen wir die Wanderung ein wenig aus, gehen zur Schlossgaststätte Hohenberg und bis nach Eichendorf weiter. Beim Rückweg gehen wir dann am anderen Ufer des malerischen Frechensees entlang.

▶️ Die Tour beginnt direkt beim Bahnhof von **Seeshaupt** 01, von wo wir anfangs neben den Gleisen zum Bahnübergang nach Süden gehen, nach rechts die Bahnstrecke queren und dahinter links auf den Unteren Flurweg einbiegen. Bei der Verzweigung hinter dem **Parkplatz** 02 müssen wir schräg links weiter und folgen dem Wegweiser zum Grundwassersee, der uns in den Wald hineinbringt.

Bei der Abzweigung geht es auf dem Fahrweg nach rechts, am

Wintersonne am Frechensee.

Parkplatz vorbei und in einem Linksbogen am **Grundwassersee** 03 entlang (Badegelegenheit). Hinter einer Kiesgrube muss man unmittelbar vor dem Waldrand **links abbiegen** 04, durch eine Mulde und an der Kiesgrube in einem Linksbogen entlang. Bei der Verzweigung im Wald scharf links halten, und in einer gering abfallenden Strecke verzweigt sich der Weg. Wir gehen nach links und kommen in das Naturschutzgebiet hinein.

Am Ufer des **Frechensees** 05 verzweigt sich der Weg wieder, wo man schräg rechts weitergeht. Nach kurzer Steigung erreicht man eine Kiesstraße, der man nach rechts folgt und zu einer breiten Forststraße kommt, wo man abbiegt und am Weiler **Ellmann** 06 vorbeikommt.

Bei der beschilderten Verzweigung folgt man dann dem Wegweiser nach Hohenberg nach rechts, geht am Hof Ellmann Nr. 2 vorbei und auf einem Hohlweg durch den Wald hinauf. Kurz vor der **Scheitelstrecke Hohenberg** 07 muss man wieder nach rechts abzweigen und später die wenig befahrene Autostraße WM10 queren. Dann erreicht man Ho-

henberg 08 mit der **Schlossgaststätte**. Vor der Wirtschaft biegen wir links ab, gehen auf einem Kiessträßchen nach Südwesten weiter, meiden aber die Privatstraße, die zum Schloss auf dem Buckelsberg ansteigt, sondern gehen nach links auf die Kreisstraße. An ihrem Rand müssen wir nun bis zur **Kreuzung** 09 weiter und biegen nach Eichendorf links ab.

Hinter **Eichendorf** 10 führt das Sträßchen wieder in den Wald hinein, dreht links ab und bringt uns am Einödhof **Tradfranz** 11 vorbei. In der gleichen Richtung weitergehend erreicht man eine Straßengabelung, wo wir uns links halten. Nach einer längeren Etappe durch ein bewaldetes Tal endet die Straße. Dort nach links und nach **Ellmann** 06, wo der Hinweg erreicht wird.

Wir gehen aber nicht auf dem gleichen Weg zurück, sondern biegen bei der ersten Abzweigung rechts ab, kommen im weiteren Verlauf an einem interessanten **Toteiskessel** 12 vorbei, zum Ostufer des **Frechensees** 13 und neben der Bahnstrecke bis an den südlichen Ortsrand von Seeshaupt. Von dort auf dem Hinweg zum **Bahnhof** 01 zurück.

ST.-KASTULUS-KAPELLE IN SCHALLENKAM • 654 m

Auf Wallfahrt am Ostufer des Starnberger Sees

 9,7 km 2:30 h 80 hm 80 hm 180

START | Parkplatz beim Strandbad in St. Heinrich, 590 m
[GPS: Breite N 47.826351° Länge E 011.339463°]
CHARAKTER | Einfache Rundtour mit reichlich Badegelegenheit zwischen St. Heinrich und Ambach.

▶ Vom **Parkplatz** `01` beim Strandbad Sankt Heinrich geht es in Richtung See hinab und noch vor dem Ufer nach rechts auf dem Fuß- und Radweg nach Norden. In der Nähe des Kleinen Seehauses muss man kurz auf einem Asphaltweg zur Staatsstraße 2065 hinaus, ihr bis hinter die Bachbrücke nach links folgen und dann nach rechts auf eine Kiesstraße einbiegen. Sie führt am Weiler Pischetsried vorbei und in den Wald hinein. Bei der Verzweigung auf einer Schlepperspur geradeaus weiter und wieder unmittelbar an die Staatsstraße heran. Dort rechts abbiegen, bei

der folgenden Einmündung nach links und auf einer breiten Kiesstraße weiter.
An der Stelle, an der der Kiesweg wieder knapp an die Staatsstraße heranführt, hält man sich schräg rechts und bei der großen Einmündung geradeaus weiter. Nun folgt man lange der Radwegebeschilderung, durch einen Rechtsbogen, bei der Verzweigung links, dann rechts herum und deutlich aufwärts, bei der nächsten Gabelung links und erreicht die Höhe von 647 m.
Dann geht es weitgehend flach weiter und zu einer Wegkreu-

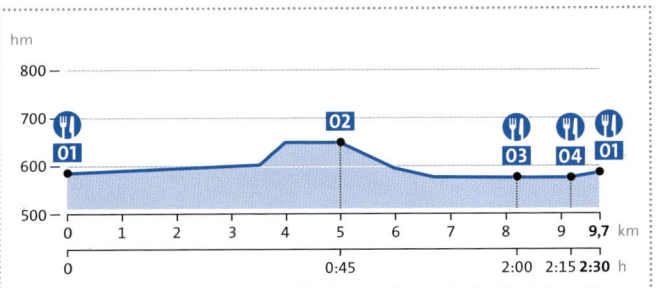

`01` Sankt Heinrich, 590 m; `02` Sankt-Kastulus-Kapelle, 650 m;
`03` Buchscharner Seewirt, 583 m; `04` Kleines Seehaus, 583 m

Erholungsgelände Ambach.

zung, wo man die Radroute nach links, also gegen Norden verlässt und bis 654 m Höhe hinauf muss. Anschließend folgt leichtes Ge- fälle; erst kurz vor der **Sankt-Kastulus-Kapelle** 02 bei der Einöde Schallenkam steigt der Fahrweg nach einem Linksknick wieder an.

St. Kastulus in Schallenkam.

Von der Kapelle folgt man kurz dem gleichen Weg zurück, hält sich unter der Kirche bei beiden Einmündungen rechts und bleibt auf einer langen, relativ schmalen Forststraße, die nach Westen abfällt. Bei der Verzweigung schräg rechts und schließlich aus dem Wald hinaus. Vom Waldrand geradeaus zur Staatsstraße, diese queren und auf der Straße „Am Schwaiblbach" in das Erholungsgelände Ambach, das beim Wasserwachtgebäude erreicht wird. Nach einem erfrischenden Bad am wunderschönen Strand folgt man dem Uferweg nach Süden, zum **Buchscharner Seewirt** 03, zum **Kleinen Seehaus** 04 und zum **Ausgangspunkt** 01 zurück.

BEUERBERG – EURASBURG • 711 m

Durch den Habichtgraben zum Schloss Eurasburg

 11,1 km 3:00 h 250 hm 250 hm 180

START | Beuerberg, Erlstraße, 602 m
[GPS: Breite N 47.831965° Länge E 011.406989°]
CHARAKTER | Die Etappe am Ende des Habichtgrabens verläuft über unwegsame, steile Waldhänge. Sie verlangt Trittsicherheit und ein gutes Orientierungsvermögen.

Glanzlicht dieser Wanderung ist das Schloss Eurasburg. Die prächtige Schlossanlage wurde in Eigentumswohnungen umgewandelt und ist nur von außen zu besichtigen.

▶ Wir beginnen die Wanderung im östlichen Siedlungsbereich von **Beuerberg 01** und gehen auf dem Erlweg bis zur Haus-Nummer 17, wo wir rechts abbiegen und Beuerberg verlassen.
Sogleich erreichen wir den fast schnurgeraden Fuß- und Radweg auf der Trasse der ehemaligen Isartalbahn und folgen ihm nach

Nordwesten. Nach einem knappen Kilometer kommen wir an einem kleinen Parkplatz bei der Talstation eines im Winter sehr beliebten **Skilifts 02** vorbei und nach einer schwachen Rechtskurve schließlich zu einer Brücke am unteren Ende des Habichtgrabens. Man könnte vor der Brücke rechts auf einen Fahrweg und in weitem Linksbogen in den Habichtgraben einbiegen. Kürzer, wenn auch etwas verwegener ist es, hinter der Brücke nach links weglos in den Habichtgraben abzusteigen.
Nun gehen wir der Länge nach auf einem Fahrweg durch den Ha-

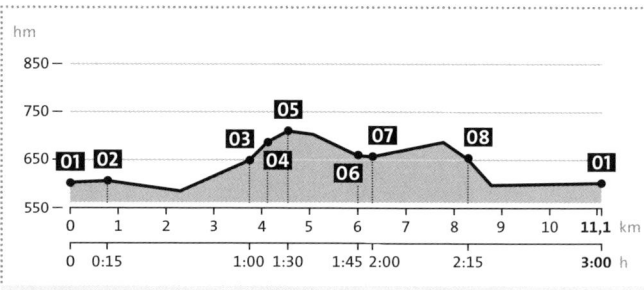

01 Beuerberg, Erlstraße, 602 m; **02** Skilift, 606 m; **03** Fahrspurende, 647 m; **04** Forststraße, 680 m; **05** Abzweigung, 711 m; **06** Schloss, 658 m; **07** Schlosskirche, 657 m; **08** Sprengenöd, 651 m

Winterwandern bei Sprengenöd.

bichtgraben nach Westen und bei allen Abzweigungen geradeaus. Mitten im Wald **endet** die **Fahrspur** 03 neben dem tief eingeschnittenen Bachgraben. Ab dort wird es spannend. Um weiterzukommen, muss man sich links halten und weglos durch Unterholz einen relativ steilen Hang in Kehren nach Westen ansteigen.

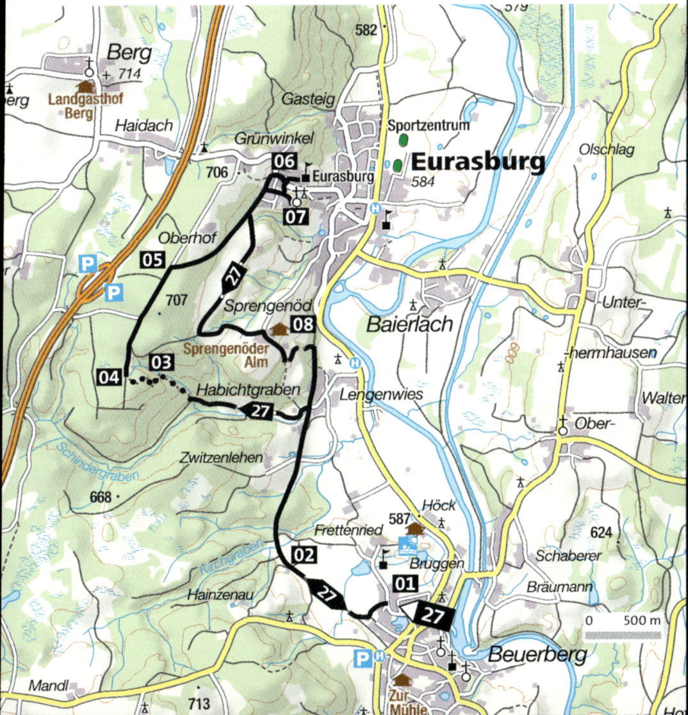

Schloss Eurasburg.

An der Hangkante angekommen dreht man rechts ab und geht im Wesentlichen nach Westen weiter, bis man schließlich auf eine **Forststraße 04** stößt. Auf diese rechts einbiegen und nach Nordosten bis zur Abzweigung kurz vor **Oberhof 05** weiter. Bei dieser Abzweigung schräg rechts halten und hinter einer Waldlichtung in leichtem Linksbogen zum Ortsanfang von Eurasburg hinab.

Auf der Forststraße gehen wir nach Eurasburg hinein und biegen nach rechts auf den Schlossberg ab. Gleich darauf kommt man bei der sehenswerten Schlossanlage an. Südlich des **Schlosses 06** steht an der Hangkante noch die schmucke **Schlosskirche 07**, von wo man schöne Ausblicke auf das Loisachtal hat.

Der Rückweg verläuft wieder auf der Forststraße aus Eurasburg hinaus. Allerdings gehen wir nicht wieder in den Wald hinein, sondern bei der Verzweigung links und auf freiem Feld bis **Sprengenöd 08**. Im Weiler rechts abbiegen, dann links haltend zur Sprengenöder Alm hinab. Hinter dem Wirtshausgebäude (derzeit geschlossen) findet sich ein Treppenweg, der steil zum Waldrand abfällt. In zwei Kehren kommt man auf dem Steig in den Wald hinein und auf den asphaltierten Fuß- und Radweg. Auf ihn rechts einbiegen und zum **Ausgangspunkt 01** zurück.

Skilift Beuerberg.

EURACHER FILZ • 611 m

Im Loisachtal

 10,6 km 3:00 h 150 hm 150 hm 180

START | Beuerberg, Schulhaus, Am Pfarranger 1, 596 m
[GPS: Breite N 47.827836° Länge E 011.411661°]
CHARAKTER | Aussichtsreiche, sonnige Rundwanderung, die überwiegend in freiem Gelände verläuft. Die Tour eignet sich besonders für den Winter, wenn kein Golfbetrieb ist.

▶ Vom Schulhaus in **Beuerberg** 01 folgt man der Königsdorfer Straße, geht neben dem Salesianerinnenkloster nach Südosten aus dem Ort hinaus und in geringem Auf und Ab bis zu einer Autostraßeneinmündung. Dort findet sich ein großer **Parkplatz** 02, wo man die Wanderung ebenfalls beginnen könnte.

Beim Parkplatz biegen wir links ab und folgen der Staatsstraße 2064 über die **Loisachbrücke** 03 nach Osten bis zur Abzweigung bei Sterz. Direkt neben der Schulbushaltestelle zweigt unser Rundkurs rechts ab und sogleich nach links auf einen schnurgeraden Feldweg. Er führt lange durch das Golfplatzgelände gegen Südosten dahin, streckenweise auf einer schönen Birkenallee, bis kurz vor Mooseurach ein **Wegedreieck** 04 erreicht wird.

Bei ihm halten wir uns rechts und folgen einem Sträßchen, das bald in den Wald eintaucht und schließlich am Ortseingang von **Mooseurach** 05 auf ein Kreuzungssystem stößt. Dort müssen wir rechts abbiegen.

Der folgende, lange Fahrweg bringt uns nun anfangs nach Westen, später Nordwesten durch den

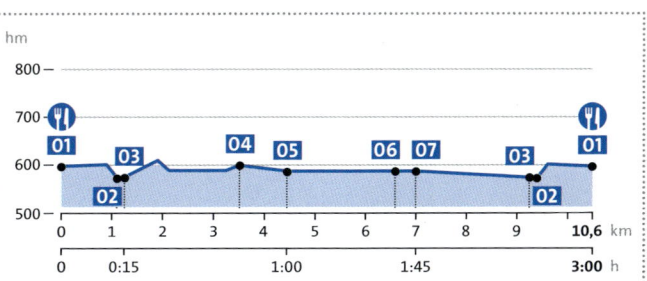

01 Beuerberg, 596 m; 02 Parkplatz, 575 m; 03 Loisachbrücke, 577 m;
04 Wegedreieck, 599 m; 05 Mooseurach, 584 m; 06 Boschhof, 584 m;
07 Loisachufer, 584 m

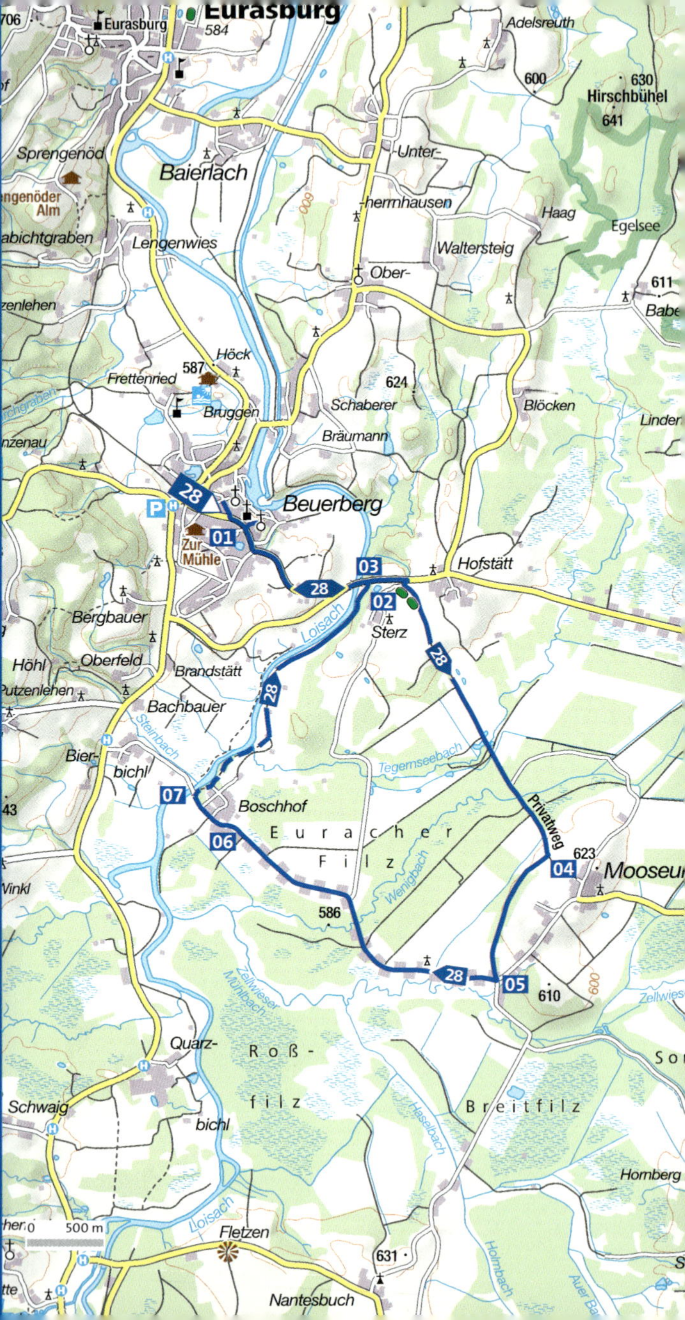
Eurasburg
584
706
Eurasburg
Adelsreuth
600
630
Hirschbühel
641
Sprengenöd
Baierlach
Unter-
-herrnhausen
Haag
Egelsee
Lengenwies
Waltersteig
Ober-
611
Höck
587
Frettenried
624
Schaberer
Blöcken
Bruggen
Bräumann
28
Beuerberg
01
Zur Mühle
03
Hofstätt
28
02
Sterz
Loisach
Bergbauer
Oberfeld
Höhl
Brandstätt
28
Putzenlehen
28
Bachbauer
Steinbach
Bier-
bichl
Tegernseebach
07
Boschhof
Privatweg
06
E u r a c h e r
F i l z
623
04
Wenigbach
Winkl
586
28
05
610
600
Zellwieser Mühlbach
Quarz-
R o ß -
f i l z
Schwaig
bichl
Haselbach
B r e i t f i l z
Hornberg
0
500 m
Loisach
Fletzen
631
Holmbach
Nantesbuch

Das Salesianerinnenkloster in Beuerberg.

Euracher Filz bis zur kleinen Ortschaft **Boschhof 06**. Am Ende des Dorfes kommen wir zur Loisach. Unmittelbar vor der Brücke zweigt nach rechts ein Steig ab und führt über Treppenstufen in den Auwald hinein. Wir folgen nun einem Waldpfad an der Loisach entlang und kommen allmählich in freies Gelände. Dort erreichen wir neben einem Stadel einen Fahrweg, auf dem wir nach links weitergehen und am **Loisachufer 07** bis zur Staatsstraße hinauswandern.

Bei der **Loisachbrücke 03** unter dem **Parkplatz 02** stoßen wir wieder auf den Hinweg, dem wir bis zum **Ausgangspunkt 01** folgen.

Die Loisach bei Boschhof.

BIBISEE – SCHWAIGWALL • 641 m

Durch das Naturschutzgebiet Babenstuber Moore

 14 km 4:00 h 220 hm 220 hm 180

START | Bibisee, 610 m
[GPS: Breite N 47.833667° Länge E 011.469709°]
CHARAKTER | Leichte, aussichtsreiche Rundwanderung.

Glanzlicht dieser Rundtour im Oberland ist das Naturschutzgebiet Babenstuber Moore, durch das die Route der Länge nach führt. Aber auch der Rest der Wanderung hat besondere Reize, vor allem beim Rückweg, wo man über mehrere aussichtsreiche Hügel geht, die großartige Panoramablicke auf die Alpenkette bieten.

▶ Von der Bushaltestelle oder vom Parkplatz am Südwestufer des **Bibisees** 01 folgen wir einem der Fahrwege zum **Campingplatz** 02 und biegen bei der dortigen Verzweigung nach Nordwesten auf einen Feldweg ein. Kurz vor dem **Waldrand** 03 dreht der Fahrweg links ab, taucht in den Wald ein und führt gegen Südwesten weiter, wieder in freies Gelände und zum Hof von **Babenstuben** 04 hinauf.
Hinter Babenstuben biegen wir rechts ab, queren eine Wiese und kommen wieder in den Wald. Dort geht es am Sumpf des verlandeten Egelsees entlang, und das Sträßchen endet. Anschließend kommen wir in das Naturschutzgebiet hinein. Auf einem schmalen Pfad gehen wir an dessem rechten Rad durch eine lange Lichtung, in der sich eine nasse Wiese ausbreitet.

Schließlich kommt man wieder in den Wald und zu einer Forststraße, auf der wir uns links halten. Sie führt über eine Waldkuppe hinüber und mündet auf eine schmale Asphaltstraße östlich von Schwaigwall. Auf ihr müssen

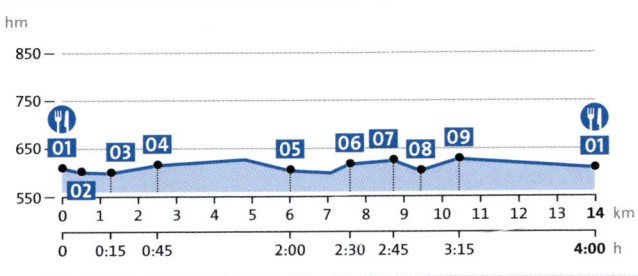

01 Bibisee, 610 m; **02** Campingplatz, 602 m; **03** Waldrand, 600 m;
04 Babenstuben, 618 m; **05** Schwaigwall, 606 m; **06** Adelsreuth, 619 m;
07 Unterherrnhausen, 629 m; **08** Graben, 605 m; **09** Haag, 631 m

wir links weiter, am Altersheim vorbei und gering abfallend zur alten Fuhrwerkswaage beim **Gut Schwaigwall** **05**.

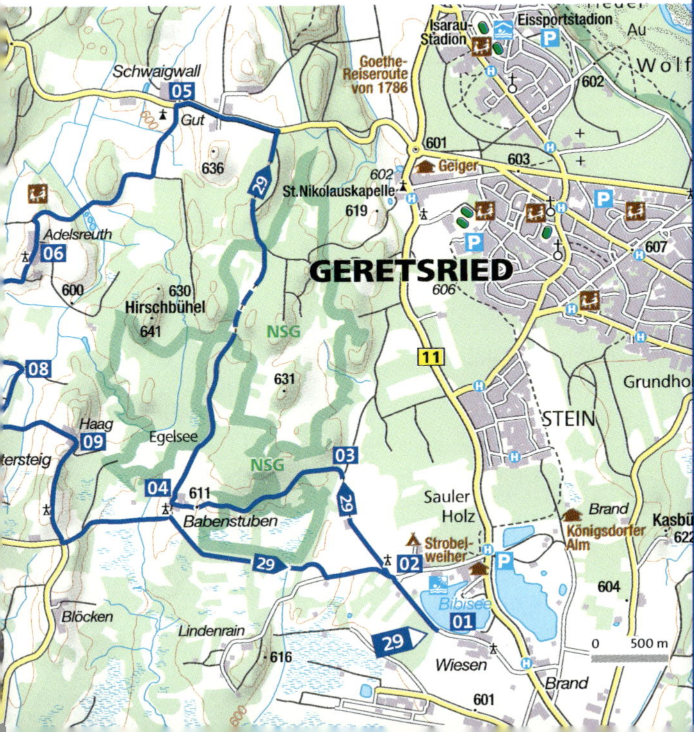

Direkt neben dem Gutshof zweigt nach links eine Birkenallee ab, die nach Süden auf den Hirschbühel zu führt. Am Ende dieser Allee geht es nach rechts und dann in mehrmaligem Zickzack nach **Adelsreuth** `06` hinauf. Dort beginnen die freien Alpenblicke.

Bei der ersten Einmündung hinter Adelsreuth halten wir uns rechts und wandern auf einem Asphaltsträßchen weiter, das uns bis kurz vor **Unterherrnhausen** `07` bringt. Östlich von Unterherrnhausen verlassen wir die schmale Straße, um einem Feldweg zu folgen, der noch ein wenig ansteigt und dann in Kurven zum Waldrand und zu einem Bachgraben abfällt. Direkt beim **Graben** `08` muss man rechts abbiegen und bei der folgenden Verzweigung nach links, um nach einem Waldgürtel über einen Wiesenhang in zwei Kurven nach **Haag** `09` hinaufzugehen.

In Haag halten wir uns rechts und gehen nach Süden zu einer Straßenkreuzung, wo wir links abbiegen und nach Osten bis kurz vor Babenstuben hinaufgehen. Unmittelbar vor dem Ortseingang, gleich hinter der Kapelle muss man rechts abbiegen, um einem

Auftauender Wassertropfen im Naturschutzgebiet Babenstuber Moore.

Feldweg über Wiesenhänge und durch Wald nach Osten zu folgen. Nach einer Rechtskurve erreicht man eine Einmündung, wo man sich schräg links hält, um zum Hinweg zurückzugehen, dem man zum **Ausgangspunkt** `01` folgt.

Alpenblick bei Unterherrnhausen.

KÖNIGSDORF – FISCHBACH • 675 m

Durch das Rottachmoos

 10,1 km 3:15 h ⬈210 hm ⬊210 hm 📱180

START | Langlaufparkplatz am Dachsberg, 643 m
[GPS: Breite N 47.809179° Länge E 011.493510°]
CHARAKTER | Landschaftlich sehr eindrucksvolle, leichte und aussichtsreiche Moorwanderung.

Der Bernwieser Bach und die Rottach fließen in vielen Kurven südlich von Königsdorf durch ein ausgedehntes, weitgehend unberührtes Moorgebiet. Landschaftlich ist es dort einmalig schön, und durch die schönen Alpenblicke wird die Rundwanderung zum tief greifenden Erlebnis.

▶ Vom Langlaufparkplatz unter dem **Dachsberg** `01`, östlich von Königsdorf, geht man auf einem Fahrweg erst einmal nach Nordwesten zum Sträßchen hinaus und biegt auf dieses links ein. Es führt unter dem Dachsberg nach Süden, und hinter der Scheitelstrecke zweigt nach rechts ein **Schlepperweg** `02` ab. Auf ihm bis zum Querweg, dort nach rechts und nach Grafing hinein. Im Weiler links halten, um über freies Feld bis zur Wegverzeigung kurz vor **Kreut** `03` zu gehen. Dort links, an Kreut östlich vorbei und zu einem **Wegkreuz** `04`. Bei ihm stößt man auf einen Asphaltweg, dem man nach links folgt. In der Linkskurve des Sträßchens geradeaus weiter und knapp 100 Meter weiter vorne nach rechts auf eine schwach

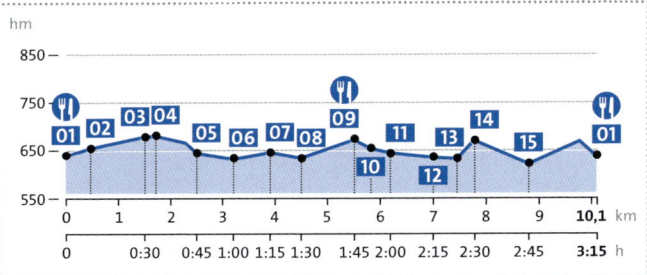

`01` Ausgangspunkt, 643 m; `02` Schlepperweg, 657 m; `03` Kreut, 674 m; `04` Wegkreuz, 675 m; `05` Forstweg, 645 m; `06` Rottachbrücke, 632 m; `07` Wolfsöd, 646 m; `08` Rottach, 634 m; `09` Gasthaus Fischbach, 669 m; `10` Wasserhäuschen, 655 m; `11` Fischbachmühl, 646 m; `12` Asphaltstraße, 637 m; `13` Eisenkreuz, 636 m; `14` Rothenrain, 666 m; `15` Rottachsteg, 629 m

Ausblick von Kreut bei Königsdorf zu den Isarwinkler Bergen.

ausgeprägte Fahrspur einbiegen. Sie fällt zum Wald ab und erreicht schließlich die Staatsstraße 2064, der man nach links folgt.

Nach etwa 200 Meter Entfernung zweigt auf der linken Seite ein **Forstweg** `05` ab, der sogleich eine Rechtskurve beschreibt. Nach einer kurzen Waldetappe führt der Weg am Moorrand entlang und wieder in den Wald hinein.

Am Waldrand verlassen wir die Fahrspur nach links, unterqueren eine Stromleitung und kommen in ein ausgedehntes Moorgebiet. Durch dieses verläuft ein guter Wanderweg lange gegen Südosten, quert auf einem **Brücklein** die **Rottach** `06`, und etwa 50 Meter hinter dem Steg trifft man links des Weges auf eine Fahrspur. Ihr folgt man in der gleichen Richtung bis **Wolfsöd** `07` hinauf.

Gleich hinter dem Hof von Wolfsöd biegen wir auf den beschilderten Wanderweg in Richtung Fischbach ab und gehen im Wesentlichen nach Südosten weiter. Der Pfad fällt anfangs etwas kurvig ab, quert nochmals die **Rottach** `08` und steigt nach **Fischbach** und zu dem gleichnamigen **Gasthaus** `09` an.

Vom Gasthaus folgt man der Fahrstraße nach Nordosten hinunter, geht an der Kirche und dem **Wasserhäuschen** (mit Infotafel) `10` vorbei und biegt gleich dahinter, dem Wegweiser nach Fischbachmühl folgend ab. Von **Fischbachmühl** `11` gehen wir auf dem Fischbacher Moosweg in Richtung Rothenrain weiter und stoßen auf eine **Asphaltstraße** `12`. An ihrem Rand links halten und in freiem Gelände an einem **Eisenkreuz** `13` vorbei und nach **Rothenrain** `14` hinauf.

Kurz vor der Scheitelstrecke der Straße biegt man in Rothenrain auf den zweiten Fahrweg links ein. Etwa 250 m weiter vorne dreht der Fahrweg rechts ab, führt zum Waldrand hinüber und folgt ihm bis zu einem Stadel. Kurz dahinter endet die Fahrspur, und wir gehen nach rechts auf einem Wanderweg durch einen kurzen Waldgürtel und wieder ins Moos hinein. Erst beim Rastplatz am Waldrand hinter dem **Rottachsteg** 15 wird wieder eine schmale Straße erreicht. Auf ihr gehen wir in der gleichen Richtung weiter. Bei der Kreuzung neben der Tuffsteinsäule mit einem Bild des heiligen Hubertus geht man geradeaus weiter und kann sich auf einer etwas verwegenen Abkürzung einen Umweg sparen.

Wer dies riskieren will, verlässt kurz vor der Linkskurve des Fahrwegs die Straße unter dem Mobilfunkmasten nach links, um über eine Wiese gegen Nordwesten zum Waldrand anzusteigen. Dann geht man ins Unterholz hinein und sucht sich den besten Durchschlupf, bis man schließlich wieder einen Holztransportweg erreicht. Auf ihm über einen Höhenrücken nach Nordwesten und zum **Ausgangspunkt** 01 am Waldrand zurück.

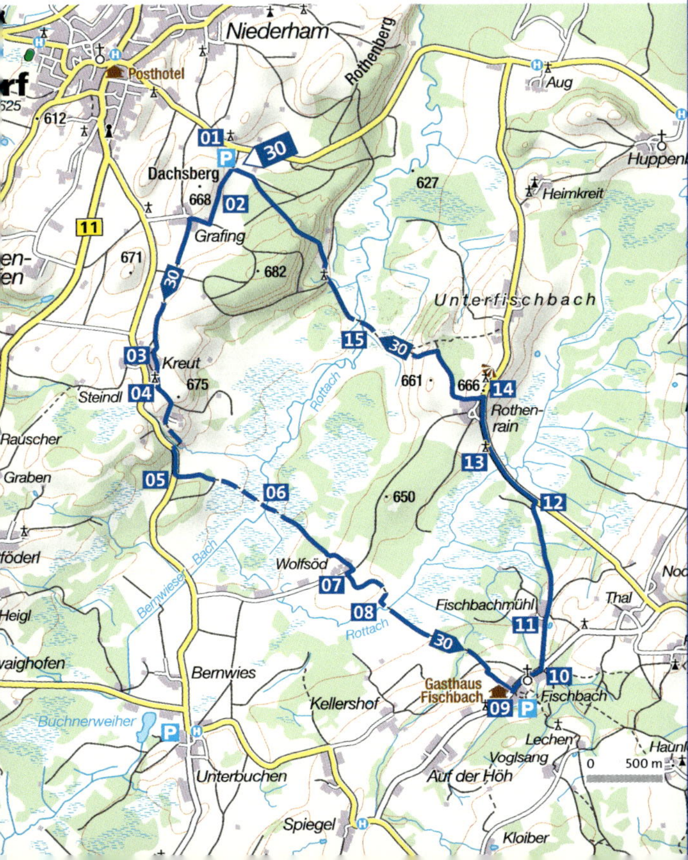

OSTERSEEN • 608 m

Im Eiszerfallsgebiet

 11,1 km  3:00 h  40 hm  40 hm 180

START | Bahn-Haltepunkt Staltach, 597 m
[GPS: Breite N 47.782262° Länge E 011.313614°]
CHARAKTER | Leichte, prächtige Rundwanderung auf guten, beschilderten Wegen durch ein Naturschutzgebiet von hohem Rang, die auch gut mit dem Fahrrad möglich ist.

Am Großen Ostersee vor der Marieninsel.

▶ Vom Iffeldorfer Bahnhof bei **Staltach** 01 folgt man einer asphaltierten Sackstraße nach Nordwesten bis zum Gut Staltach, wo man rechts abdreht und sich auf einem Kiesweg neben dem Bahngleis noch ein Stück gegen Nordwesten hält. Hinter der Unterführung dreht das Weglein etwas nach links und führt in den Wald hinein. Über die folgende Kreuzung geht es geradeaus hinüber und bei der nächsten Einmündung muss man sich schräg rechts halten (Wegweiser Ostersee), um bei der Verzweigung gleich darauf den linken Weg zu nehmen, der bis zum Großen Ostersee abfällt.

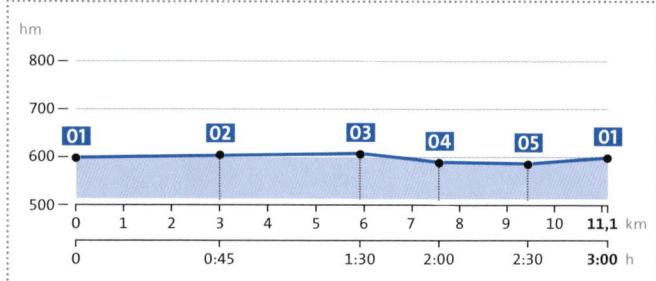

01 Bahn-Haltepunkt Staltach, 597 m; 02 Badebereich, 602 m; 03 Lauterbacher Mühle, 607 m; 04 Blaue Gumpe, 591 m; 05 Bahnhofsabzweigung, 589 m

Nun geht es lange auf dem Uferweg durch den Wald nach Norden weiter und nach links in einen freien **Badebereich** 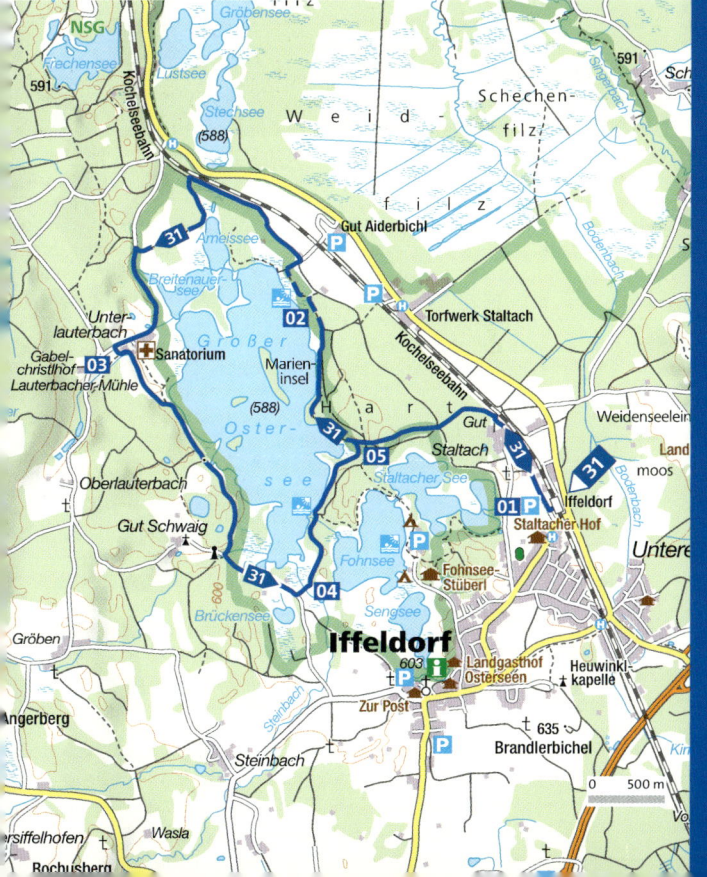 02. Auf einem Wiesenweg kann man noch ein Stück nach Norden gehen, bis man rechts abdreht und einen Kiesweg erreicht. Dort geht es links herum und gegen Nordwesten wieder zum Bahngleis, neben dem man über einen Steg und dann zur Abzweigung des Ostersee-Rundwegs kommt.

Man hält sich links und folgt einem schmalen Pfad (Fahrrad schieben), der bei einem Rastplatz nach rechts abdreht und nördlich des Breitenauer Sees zu einer Asphaltstraße stößt. Diese führt nach links bis zur Herz-Kreislaufklinik **Lauterbacher Mühle** 03. Man umrundet nun das Klinikgelände auf seinen Nord-, West- und Südseiten und folgt lange dem guten Wanderweg westlich des Großen Ostersees nach Südosten, bis wieder ein asphaltierter Fahrweg erreicht wird. Auf ihm muss man sich links halten, und bei der beschilderten Abzwei-

Beim Badeplatz am Nordostufer des Großen Ostersees mit Blick auf Herzogstand und Heimgarten.

gung zum Fohnsee abermals links. Gleich darauf geht es über einen Steg, und man kommt zur **Blauen Gumpe** 04. Von ihr nun auf dem schönen Weg nach Norden weiter, über den Wasserlauf, der Fohnsee und Großen Ostersee verbindet und lässt die folgende Abzweigung zum Bahnhof unbeachtet. Erst bei der zweiten rechtsseitigen **Bahnhofsabzweigung** 05 hat man den Hinweg wieder erreicht, dem man zum **Ausgangspunkt** 01 zurück folgt.

Eiszerfallslandschaft Osterseen

Das Gebiet der Osterseen ist die am besten erhaltene Eiszerfallslandschaft Bayerns. Diese einmalige Landschaft wurde von großen Toteismassen geformt, die der eiszeitliche Isar-Loisachgletscher und mehrere Generationen von Schmelzwasserflüssen zusammen mit einer gewaltigen Gesteinsfracht abgelagert haben. Noch bevor das Alpenvorland eisfrei war, war der Bereich rund um die Osterseen vom Entwässerungsnetz abgeschnitten. Nur ein paar Quellen gibt es, die mit besonders reinem und kühlem Wasser unterhalb der Seeoberfläche entspringen (z. B. die Blaue Gumpe). Aus diesem Grund wurden praktisch keine Sedimente eingetragen, und die Osterseen sind nicht verlandet, so wie die meisten Seen der Nacheiszeit. So konnte sich die ursprüngliche Eiszerfallslandschaft in ihrer Schönheit und Einzigartigkeit bis heute erhalten.

EITZENBERG – FAISTENBERG • 645 m

Um den Euracher Filz

 9 km 2:45 h 170 hm 170 hm 180

START | Parkplatz am Eitzenberger Weiher, 620 m
[GPS: Breite N 47.784201° Länge E 011.363248°]
CHARAKTER | Leichte, ab dem Hennenbühl sehr aussichtsreiche Rundwanderung.

Die Eitzenberger Weiher bestehen aus dem Holzweiher, dem Alten Weiher und dem Neuen Weiher. Am Alten Weiher gibt es ein schönes Naturbad, der Holzweiher ist ein reiner Fischweiher, und der Neue Weiher ist schwer zugänglich, streckenweise sogar massiv eingezäunt.

Die hier vorgestellte Rundwanderung verläuft anfangs in der Nähe der Autobahn auf Forstwegen durch relativ dichten Hochwald, dann durch ein Moos und ab dem Hennenbühl durch eine weitgehend freie Voralpenlandschaft mit schönem Alpenblick.

▶ Vom Parkplatz über dem **Alten Weiher** 01 folgt man nach Norden zum Badegelände hinab und geht zwischen Altem und Neuem Weiher durch. Bei der ersten Abzweigung halten wir uns links, folgen einem Kiessträßchen zunächst nach Westen, dann in einem Rechtsbogen bis kurz vor die Autobahnbrücke. Dort muss man rechts abbiegen und wieder nach Norden weitergehen. Beim **Wendeplatz** 02 endet die Forststraße. Von dort führt ein Fußweg geradeaus in den Wald hinein. Nach knapp 50 m zweigt nach rechts

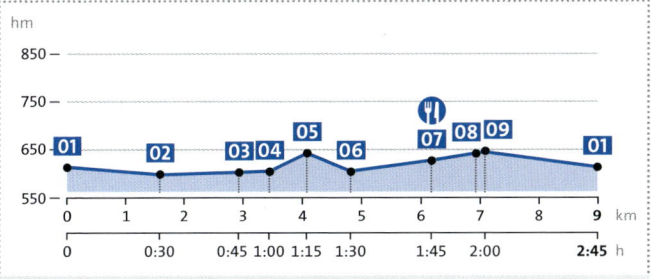

01 Parkplatz Eitzenberger Weiher, 620 m; **02** Wendeplatz, 594 m; **03** rechts auf Traktorweg, 607 m; **04** Waldrand, 609 m; **05** Faistenberg, 642 m; **06** Punkt 612 m, 612 m; **07** Promberg, 625 m; **08** Oberhof, 641 m; **09** Rastplatz, 645 m

ein leicht zu übersehender Waldweg ab. Er führt ein wenig durchs Unterholz, quert einen Bach und schwenkt etwas nach rechts ab. Der folgende, nasse Waldboden lässt sich am besten bewältigen, wenn der Boden gefroren ist. Nach knapp 300 m auf dem Sumpfweg erreicht man eine Kiesstraße, der man geradeaus nach Nordosten folgt. Schließlich stößt man zu einer Forststraßeneinmündung, hält sich dort links und gleich darauf, in der Kurve, wieder links. Im weiteren Verlauf geht es wieder in die Nähe der Autobahn und zu einer Verzweigung neben einer Unterführung. Dort rechts abbiegen. Unmittelbar nach einer deutlich ausgeprägten Steigungsstrecke zweigt nach **rechts** ein **Traktorweg** `03` in dichten Wald ab. Auf ihm nach Osten bis zum **Waldrand** `04` weiter. Am Waldrand links halten und anfangs im Zickzack, dann auf einem Feldweg über den Hennenbühl nach **Faistenberg** `05` hinauf.

Gleich am Ortseingang von Faistenberg zweigt nach rechts der Fußweg nach Promberg ab. Auf ihm mit schöner Aussicht an der Kapelle vorbei und bis zum **Punkt 612 m** `06` am Waldrand hinunter. Dann durch lichten Wald und am Rande der ausgedehnten Sumpfwiesen des Kohlfilzes nach Südosten dahin, bis eine schmale Asphaltstraße erreicht wird. Auf sie biegen wir rechts ein, gehen noch ein wenig abwärts und dann in ausholendem Linksbogen nach **Promberg** `07` hinauf. Am Rande von Promberg steht die Ausflugsgaststätte Hoisl-Bräu, wo man – mit schönen Ausblicken – gut einkehren kann.

Der weitere Rundweg fällt von Promberg nach Süden ab, steigt nach **Oberhof** `08` auf und dreht im Ort rechts ab. Dann kommt man zu einem schönen, aussichtsreichen **Rastplatz** `09` und im weiteren Verlauf am Seminarzentrum Zist vorbei, bis man, auf dem Sträßchen immer geradeaus wieder den Hinweg erreicht, dem man – mit kurzem Abstecher zum Ufer des Neuen Weihers – bis zum **Ausgangspunkt** `01` folgt.

Alpenblick vom Hennenbühl bei Faistenberg.

Am Eitzenberger Weiher.

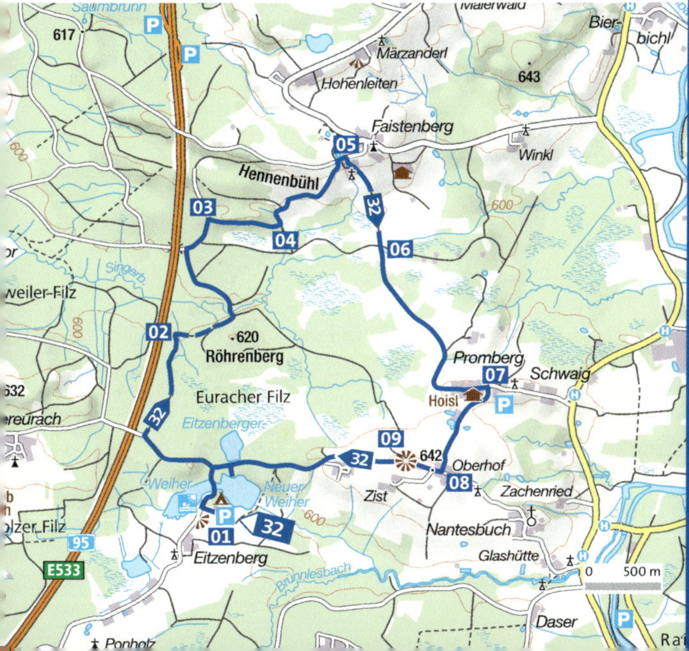

BRANDLERBICHEL • 635 m

Vom Huberweiher nach Iffeldorf

 11,3 km   3:15 h  150 hm   150 hm 180

START | Huberweiher, 609 m
[GPS: Breite N 47.766601° Länge E 011.347708°]
CHARAKTER | Diese einfache Rundwanderung verläuft überwiegend im freien Gelände und gewährt deshalb schöne Ausblicke auf den Alpenkamm.

Korrekt genommen bestehen die Huberweiher (oder Hubererweiher) aus vier Seen: einem Fischweiher, dem Strangenweiher, dem Kirnberger See und dem Hubersee. Dort gibt es schöne Badestrände, Liegewiesen und einen Campingplatz mit Stüberl und Wirtschaft.

▶ Trotzdem wollen wir dieses schöne Freizeitgelände beim **Parkplatz** 01 verlassen und auf einem anfangs asphaltierten Weg nach Süden zur schönen **Hubkapelle** 02 und weiter in die westlichsten Wohnbezirke von Penzberg gehen, dort nach rechts auf die Frauenschuhstraße einbiegen, hinter der Linkskurve nach rechts auf den Frauenrainer Weg und das Bahngleis bei der Schranke queren.

Bei der nächsten Verzweigung gehen wir wieder rechts und neben dem Säubach am Rande des Breitfilzes nach Südwesten weiter. Vor dem Gestüt links abbiegen und etwas ansteigend zu einer schmalen Autostraße. Auf diese schräg rechts einbiegen und nach **Breunetsried** 03 hinauf.

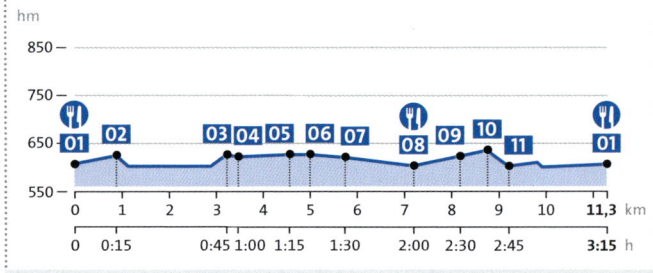

01 Huberweiher, 609 m; 02 Hubkapelle, 623 m; 03 Breunetsried, 626 m; 04 Feldwegabzweigung, 621 m; 05 Waldrand, 626 m; 06 Holztransportweg, 626 m; 07 Autobahn, 619 m; 08 St.-Vitus-Kirche, 603 m; 09 Heuwinklkapelle, 620 m; 10 Brandlerbichel, 635 m; 11 Korbiniansbrunnen, 602 m

Strangenweiher.

Hinter dem Bauerndorf nehmen wir die erste **Feldwegabzweigung** 04 auf der rechten Seite und gehen in ausholenden Kurven durch eine parkähnliche Landschaft bis zum **Waldrand** 05. Im Wald noch kurz geradeaus weiter, dann endet der **Holztransportweg** 06. Dort nach links auf das quer verlaufende Sträßchen

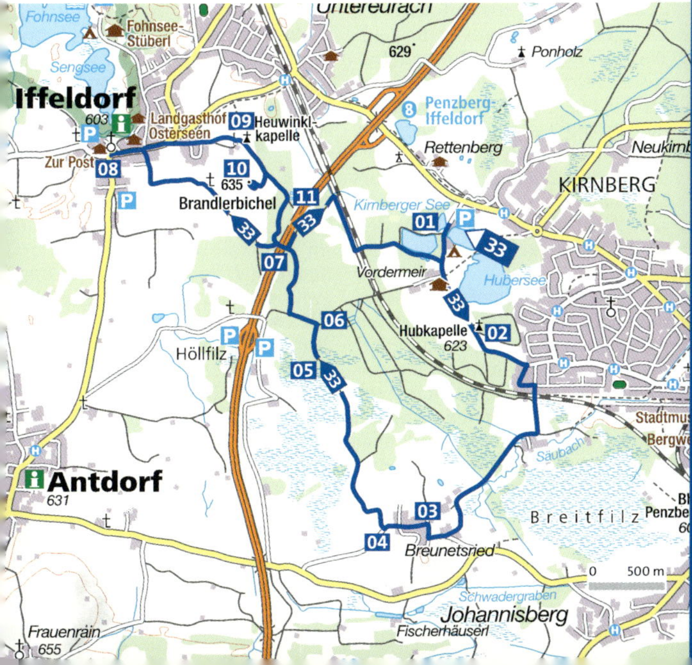

Hubkapelle.

einbiegen, bei der nächsten Verzweigung rechts halten und dem Wegweiser nach Iffeldorf folgen. Anschließend überqueren wir über eine Brücke die **Autobahn** `07` und gehen geradeaus weiter, am Waldrand nach rechts und auf freiem Feld nach Iffeldorf hinüber. Im Ort biegen wir nach links auf die Hofmark ein und gehen bis zum Kriegerdenkmal am St.-Vitus-Platz neben der **St.-Vitus-Kirche** `08`. Dort haben wir den westlichsten, aber noch nicht den höchsten Punkt der Rundwanderung erreicht.

Auf der Hofmark gehen wir wieder zurück und gegen Osten am Friedhof vorbei. Gleich dahinter verlassen wir die Straße neben einem alten Steinkreuz schräg nach rechts und folgen einer schmalen Allee zur eindrucksvollen, aber leider aus Sicherheitsgründen gesperrten **Heuwinklkapelle** `09` hinauf. Der Weiterweg führt an der Heuwinklkapelle links vorbei und nach Südosten. Man kann vom Waldrand einen kurzen Ab-

stecher zur Mobilfunkanlage auf dem aussichtsreichen **Brandlerbichel** `10` einlegen, und erreicht dort den höchsten Punkt.

Von ihm wieder zurück und am Waldrand scharf rechts abbiegen, in den Wald hinein und in geringem Auf und Ab am **Korbiniansbrunnen** `11` vorbei und zum Hinweg, den man direkt neben der Autobahnbrücke erreicht. Dann nach links, auf der Brücke über die Autobahn und unmittelbar hinter ihr wieder links abbiegen.

Im weiteren Verlauf kommt man aus dem Wald heraus und an den Rand einer ausgedehnten Riedfläche. Auf einer Traktorspur nach Nordosten bis zum Bahngleis, dann rechts auf einem breiten Kiesweg neben der Bahnstrecke nach Südosten weiter, bis auf der linken Seite ein Übergang das Gleis quert. Dort vorsichtig über die Bahnstrecke und anschließend zum Strangenweiher. An seinem Südufer bis zum Campingplatz und links abbiegend zum **Ausgangspunkt** `01` zurück.

BENEDIKTBEUERN – BICHL • 631 m

In den Loisach-Kochelsee-Mooren

⟳ ⬌ 11,6 km ⏱ 3:00 h ◭ 50 hm ◪ 50 hm 📖 182

START | Parkplatz beim Kloster, 625 m
[GPS: Breite N 47.708884° Länge E 011.365980°]
CHARAKTER | Leichte, aussichtsreiche Rundwanderung ohne nennenswerten Höhenunterschied.

▶ Vom **Parkplatz** geht man auf der Don-Bosco-Straße zur Meichelbeckstraße hinaus, auf ihr nach rechts zum Bahnübergang und dahinter geradeaus auf der Bahnhofstraße weiter. Nach längerer Wegstrecke muss man links auf den Schützenweg einbiegen, auf dem Steinbacher Kirchenweg nach rechts und gleich darauf nach links auf den Wiesenweg. Auf dem Wiesenweg kommt man aus **Benediktbeuern** heraus und folgt dem Feldweg über ausgedehnte, freie und ebene Wiesen nach Norden bis zum Ortseingang von Bichl. Dort die Autostraße unterqueren und auf dem Wiesen-

weg nach Bichl hinein. Am Ende der Straße links abbiegen, auf der Sindelsdorfer Straße nach Westen und nach rechts auf die Dorfstraße. Von ihr nach links auf die Straße Am Bühel. Wer mag, legt einen kurzen Abstecher über einen Treppenweg zur schönen **Georgskirche** ein.
Anschließend folgt man der Straße Am Bühel nach Westen und biegt gleich hinter dem Bahnübergang nach rechts auf die Sportplatzstraße ein. Auf ihr relativ lange nach Norden weiter, hinter dem Sportplatz durch einen kurzen Wohnbereich und nach links auf den Pitzweg. Man kommt am

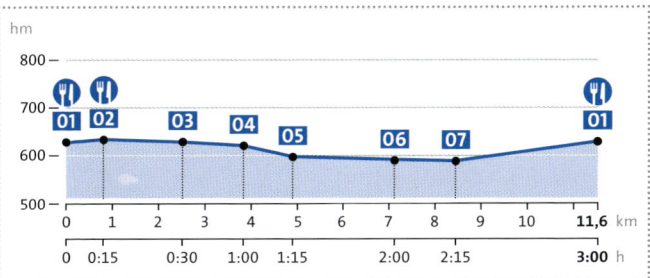

01 Parkplatz beim Kloster, 625 m; 02 Benediktbeuern, 631 m; 03 Georgs-kirche, 625 m; 04 B 472, 618 m; 05 Loisach, 597 m; 06 B 472, 593 m; 07 Angerfilze, 592 m

Die Georgskirche in Bichl.

Wertstoffhof vorbei und geht auf einer Brücke über die **B 472** **04**. Dann kommt man auf einem gepflasterten Fahrweg in das Wiesenbrütergebiet Loisach-Kochelsee-Moore hinein. Am nördlichen Rand der Hoffilze geht man bis zu einem Wäldchen und zweigt in der Linkskurve des Fahrwegs nach rechts ab. Gleich darauf erreicht man den kleinen, idyllisch gelegenen Pfundweiher und geht durch das Moor zur **Loisach** **05**.

Beim Wegedreieck unmittelbar vor der Loisach links abbiegen und auf einem breiten Kiesweg dem Verlauf der **Loisach** **05** lange im Wesentlichen nach Westen folgen. Unter der **B 472** **06** durch und bis zum beschilderten Moosweg. Am Rande der **Angerfilze** **07** nach links auf den Moosweg abdrehen und auf ihm der Beschilderung Richtung Kloster bis zum **Ausgangspunkt** **01** folgen.

Ein Schwan im Pfundweiher bei Bichl.

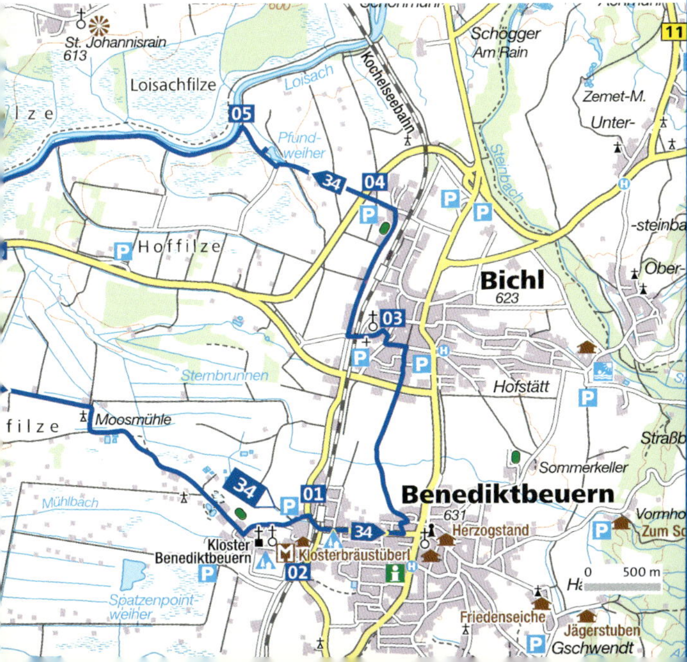

MOOSWEG • 631 m

Im Loisachmoor

 10 km 3:00 h 20 hm 20 hm 182

START | Parkplatz beim Kloster in Benediktbeuern, 631 m
[GPS: Breite N 47.708832° Länge E 011.371940°]
CHARAKTER | Sehr einfache Rundwanderung mit Attraktionen auf den Themenwegen direkt neben der Route.

Vom großen **Parkplatz beim Kloster Benediktbeuern 01** folgt man dem Moosweg anfangs nach Westen, dann nach Nordwesten und biegt an beschilderter Stelle nach rechts auf den **Klangweg 02** ein. Dort kann man verschiedene Möglichkeiten Klänge zu erzeugen ausprobieren.

Nach dem kurzen Abstecher erreicht man wieder den Moosweg und geht auf ihm zur Moosmühle, wo der Weg kurz im Zickzack weiterführt. Hinter der Moosmühle geht es dann ein längeres Stück nach Westen weiter, bis nach rechts der **Hochmoorweg 03** abzweigt. Er führt ins Moos hinein. Vorsicht! Damit man nicht in eines

der Moorlöcher fällt, muss man unbedingt auf der Route bleiben. Auch die ist spannend, denn sie verläuft anfangs am Geländer auf Baumstämmen, dann auf Knüppelpfaden und mittels eines Floßes am Seilzug ca. 50 m weit durch einen Tümpel.

Nach dem **Hochmoorweg 03** erreicht man wieder den Moosweg, biegt links ab und geht neben der Loisach lange nach Süden weiter. Schließlich **zweigt** neben dem Lainbach nach links der **Moosweg 1a ab 04** und führt nach Nordosten über freies Feld zum **Bahngleis 05**.

Noch vor der Bahnstrecke links abzweigen und neben den Schie-

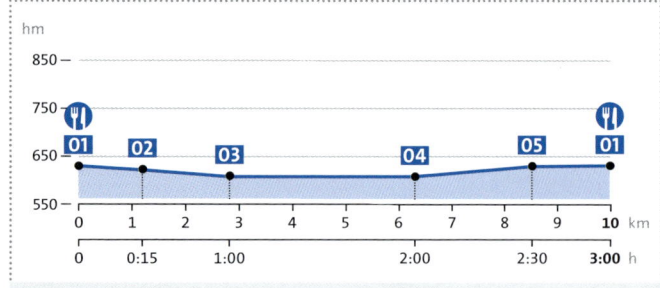

01 Parkplatz beim Kloster, 631 m; **02** Klangweg, 622 m; **03** Hochmoorweg, 611 m; **04** Abzweigung Moosweg 1a, 611 m; **05** Bahngleis, 630 m

Auf einem Floß am Hochmoorweg bei Benediktbeuern.

Klosterkirche St. Benedikt in Benediktbeuern.

nen nach **Benediktbeuern** `01` zurück. Dort kann man nach links einen kurzen Abstecher zur alten Fraunhofer Glashütte machen

und dann nach Norden zum Klosterbräustüberl am Ende der Wanderung gehen, wo dieser Spaziergang endet.

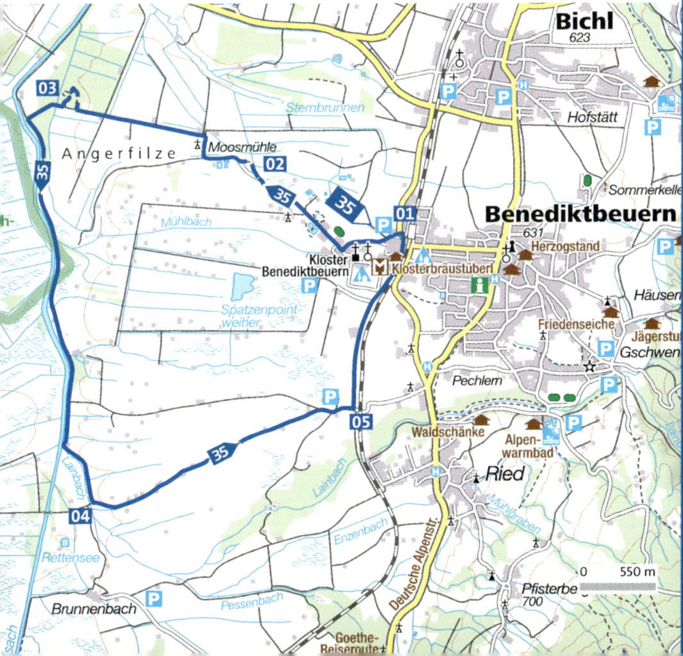

PATERZELLER EIBENWALD • 786 m

Von Wessobrunn ins Naturschutzgebiet

 11,4 km 3:30 h 380 hm 380 hm 179

START | Parkplatz am Tassiloweg, 705 m
[GPS: Breite N 47.87863° Länge E 011.02750°]
CHARAKTER | Mit Schwierigkeiten ist normalerweise nicht zu rechnen.

Lohnende Rundwanderung mit dem Besuch des größten Eibenwaldes Deutschlands und Besichtigung der prächtigen Klosteranlage von Wessobrunn.

▶ Vom **Parkplatz** `01` gehen wir ein paar Meter nach Südwesten zurück und auf einem Treppensteig zum historischen Quellenhaus in der Klosteranlage. Direkt vor dem Römerturm zweigt nach links ein Weg ab, der zur Mariengrotte und zur **Tassilolinde** `02` führt. Von ihr zum Bach hinab, über die Brücke und links abbie-gend zur Schmuzerstraße hinauf. Auf ihr rund 500 Meter weit gegen Osten, dann rechts halten und zum Weiler **Bäcker** `03` hinab. Von ihm nach links auf einem Waldweg dahin und schließlich zu einem Sträßchen hinauf, dem wir über Weidewiesen und Pferdekoppeln bis zum Mühlbach folgen. Unmittelbar hinter der Brücke rechts halten und durch einen weiten Talgrund nach Osten bis zu einer Straße. Auf ihr nach rechts und zur Staatsstraße 2057. Auf dem Fuß- und Radweg gegen Osten zur Straßenunterführung

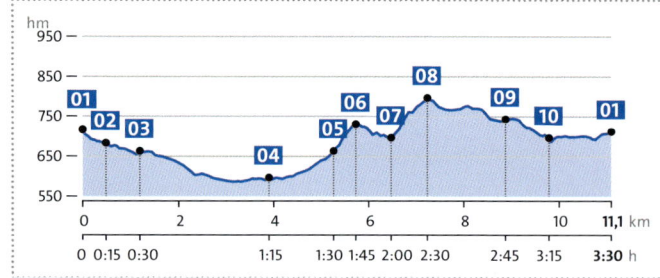

`01` Parkplatz, 705 m; `02` Tassilolinde, 658 m; `03` Bäcker, 643 m;
`04` Zellsee, 585 m; `05` Schönwag, 659 m; `06` Naturschutzgebiet, 711 m;
`07` Abzweigung rechts, 683 m; `08` Schlitten, 787 m;
`09` Pentscher, 743 m; `10` Schlittbach, 666 m

Die Klosteranlage von Wessobrunn mit dem Römerturm Grauer Herzog und der Klosterkirche.

und in ihr unter der Staatsstraße hindurch. Unmittelbar dahinter, am Ortsrand von **Zellsee** 04, nach rechts abbiegen und einem asphaltierten Feldweg nach Südosten folgen. Bei der Verzweigung links weiter und bis zum Weiler

Schönwag 05 hinauf. Dort nach rechts auf die stark befahrene Kreisstraße WM 8 einbiegen und am Fahrbahnrand gegen Westen, bis man nach links auf den Ja-kobs-Radwanderweg einbiegen kann. Auf ihm relativ steil gegen

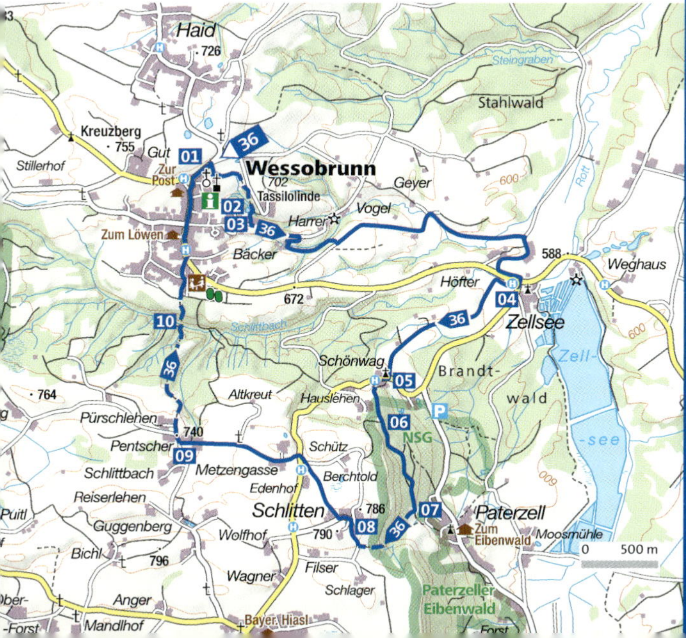

Die Tassilolinde in Wessobrunn.

Süden hinauf und zu einer Wegverzweigung am Eingang in das **Naturschutzgebiet 06** Paterzeller Eibenwald. Dort den linken Wegast wählen und auf ihm gegen Süden durch den eindrucksvollen Eibenwald dahin. Bei der Weggabelung rechts halten um der Beschilderung nach St. Leonhard und Linden zu folgen. Von dort wäre ein Abstecher von etwa 1 km zum Eibenlehrpfad Paterzell möglich.

Kurz vor dem felsigen Ende einer breiten Schlucht zweigt man **rechts ab 07** und steigt steil auf einem langen Treppenweg mühsam auf. Oben am Waldrand angekommen verlässt die Route das **Naturschutzgebiet 06** und steigt zum Fahrweg kurz vor Schlitten an. Dort nach rechts in den Weiler **Schlitten 08** hinein, wo es eine weitere Tassilolinde gibt.

Im Ort links abbiegen und gleich darauf nach rechts auf den nach Wessobrunn beschilderten Wanderweg einbiegen. Er quert im weiteren Verlauf nochmals die Kreisstraße WM 8 und steigt zum Edenhof an. Auf einem As

Die Tassilolinde

Die Standsicherheit der Tassilolinde ist nicht unbedingt gewährleistet. Mögliche Wegsperrungen muss man beachten.

phaltsträßchen nun lange gegen Westen weiter bis man auf eine Querstraße stößt. Auf ihr nach rechts und gegen Norden am Weiler **Pentscher 09** vorbei. Der restliche Rückweg bringt uns über den Guggenberg und dann über steile Treppenstufen zum **Schlittbach 10** hinab, den er auf schmalem Steg quert. Anschließend mühsam wieder bergauf und nach Wessobrunn hinein.

Am Sportplatz links vorbei, beim Bauhof rechts abbiegen und auf die Zimmermannstraße. Am Geburtshaus von Johann-Baptist und Dominikus Zimmermann vorbei und geradeaus durch Wessobrunn zum Lindenplatz mit dem Gedenkstein an das Wessobrunner Gebet aus dem Jahr 814 und zum **Ausgangspunkt 01** zurück.

Der Treppenweg im Eibenwald.

ENGELSRIEDER SEE • 752 m

Von Wessobrunn zum Engelsrieder See

  12 km 3:45 h  190 hm 190 hm 180

START | Wessobrunn, Feichtmayrstraße, 710 m
[GPS: Breite N 47.874334° Länge E 011.022463°]
CHARAKTER | Sonnige Rundwanderung mit Bade- und Einkehrgelegenheit am Engelsrieder See. Schöne, freie Ausblicke. An einigen Stellen ist eine gute Orientierungsgabe erforderlich.

▶ Aus **Wessobrunn** **01** gehen wir auf der Feichtmayrstraße nach Westen hinaus, neben einem Wäldchen durch eine Rechtskurve und kurz vor einem Wegkreuz nach links, um einem langen **Feldweg** **02** weiter nach Westen zu folgen. In einer sanften Gefällstrecke verzweigt sich der Fahrweg. Bei dieser **Verzweigung** **03** halten wir uns rechts, dem Wegweiser zum Seehäusl folgend. Anschließend steigt der Weg gering an und führt in den Wald hinein.

Wir folgen nun lange dem Hauptweg, bis sich der Fahrweg östlich des Naturschutzgebiets Schwaigwaldmoos **verzweigt** **04**. Dort muss man rechts abbiegen und wieder dem Wegweiser zum Seehäusl folgen. Anschließend geht es etwas abwärts und gleich darauf zu einer Kreuzung. Bei ihr geradeaus weiter und auf einem Holztransportweg durch den Wald weiter bergab. Hinter einer Senke geht es in geringem Linksbogen wieder etwas aufwärts.

Auf der Scheitelstrecke verzweigt sich der Weg. Dort rechts weitergehen und am Rande einer Lichtung wieder rechts, durch einen

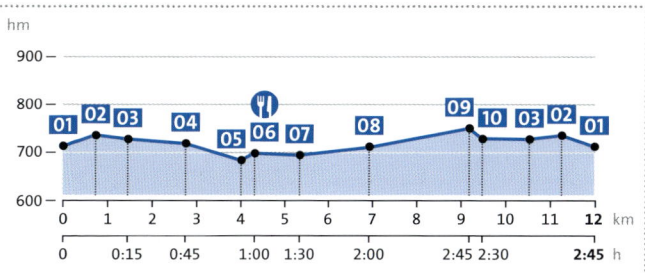

01 Wessobrunn, 710 m; **02** Feldweg, 735 m; **03** Verzweigung, 727 m; **04** Verzweigung, 719 m; **05** Engelsrieder See, 681 m; **06** Wirtshaus Seehäusl, 697 m; **07** Asphaltweg, 693 m; **08** Kreuz, 710 m; **09** Fahrweg links verlassen, 752 m; **10** Waldpfad, 733 m

Im stillen Wanderrevier zwischen Engelsrieder See und Wessobrunn.

kurzen Waldgürtel und auf die nächste Lichtung.

Schließlich erreicht man bei der Wehranlage am Ostufer des erstaunlich großen **Engelsrieder Sees** `05` ein Asphaltsträßchen, dem wir am Nordufer bis zum **Wirtshaus Seehäusl** `06` folgen.

Hinter der Wirtschaft beginnt ein Anliegerweg, der am Nordwestufer neben den Zäunen der Freizeitgrundstücke am Seeufer bis zu einem Feldweg führt. Auf ihm am See entlang weiter und zum Lüßgraben, einem interessanten Lebensraum des Bibers. Neben dem Graben stoßen wir auf einen **Asphaltweg** `07`. Auf ihn links einbiegen, den Lüßgraben queren und das Biotop verlassen.

Anschließend bringt uns das Feldsträßchen durch eine abwechslungsreiche Wald- und Wiesenlandschaft nach Südosten weiter, bei der Kreuzung geradeaus und bei einer Wegeinmündung scharf nach links, zu einer Anhöhe hinauf. Am Südrand des Naturschutzgebiets Schwaigwaldmoos findet sich, leicht zu übersehen, links

des Fahrwegs eine Quelle mit einem **Kreuz** `08` und einer schönen Rastbank. Wir folgen nun lange dem Weg in der gleichen Rich-

tung, gehen bei der beschilderten Abzweigung des Radwegs nach Wessobrunn geradeaus und über einen weiten, freien Rücken. An der Stelle, wo er einen leichten Rechtsbogen beschreibt und nach Streberg abfällt, müssen wir den **Fahrweg links verlassen** `09` und auf einer Schlepperspur über einen Wiesenhang zum Waldrand hinunter. Dort suchen wir uns einen schmalen **Waldpfad** `10`, der am Ostrand des Naturschutzgebiets Rohrmoos nach Norden verläuft.

Nach einer ungemütlich nassen Waldetappe stößt man auf einen Holztransportweg, folgt ihm nach links und kommt bald auf eine gute, asphaltierte Forststraße. Diese bringt uns nach Norden zum Zuweg, auf den wir rechts einbiegen und nach **Wessobrunn** `01` zurückgehen.

Der Stillerhof bei Wessobrunn.

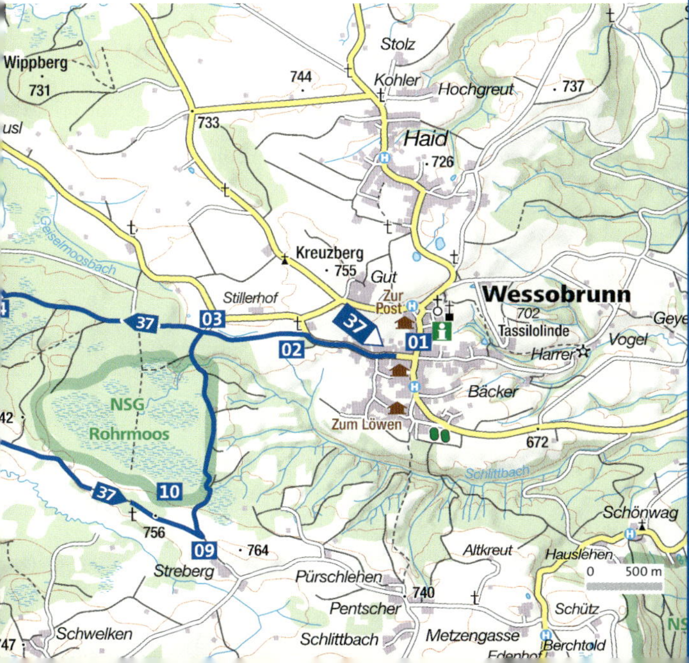

AMMERBERG • 593 m

Ammerwanderung von Weilheim nach Polling

  12,8 km  3:30 h 100 hm 100 hm 180

START | Lohgasse in Weilheim, 560 m
[GPS: Breite N 47.841892° Länge E 011.13678°]
CHARAKTER | Sehr leichte Rundwanderung, auf der man mit keinerlei Schwierigkeiten rechnen muss; geringe Höhendifferenz.

Landschaftlich schöne Rundwanderung an der Ammer, auf einen netten Aussichtshügel und zur ehemaligen Augustiner-Chorherren-Stiftskirche in Polling.

▶ Die Wanderung beginnt in Weilheim, neben der Ammerbrücke am nördlichen Ende der **Lohgasse** 01. Von dort geht man zum Ammerdamm hinüber und neben dem Fluss nach Südwes-

Eer Peißenberg hinter der Ammer.

ten. Schon nach an paar Minuten kommt man an einem **keltischen Stein mit Schlage** 02 vorbei. Ein guter Fuß- und Radweg führt am Auwehr vorbei und dreht nach Süden ab. Dann unterquert er die **Eisenbahnbrücke** 03, und bringt uns zum **Naturfreundehaus** 04 mit Gastwirtschaft.

Der Weg führt nun lange der Ammer entlang, beschreibt einen weiten Linksbogen und unterquert in der Nähe von **Oderding** 05 eine stark befahrene Autostraße. Anschließend geht es noch rund 1 km weit neben der Ammer dahin, bis man nördlich des Ammerbergs auf einen **Asphaltweg** 06 stößt. Dort scharf links abbiegen und gegen Nordosten weiter.

An beschilderter Stelle zweigt der Abstecher zum Ammerberg rechts ab. Zunächst geht man zum Bahngleis hinüber und dann nach rechts über einen Wiesenweg auf den aussichtsreichen Hügel. Vom **Aussichtspunkt** 07 sind es noch gut 100 Meter zum unauffälligen höchsten Punkt des **Ammerbergs** 08.

Vom Ammerberg folgt man einem guten Wiesenweg nach Süden, geht an einem modernen Bildstöckl vorbei und kurz durch den Wald. Gleich darauf stößt man wieder auf

hm
850 —
750 —
650 —
550 —

01 Lohgasse, 560 m; **02** Keltischer Stein, 561 m; **03** Eisenbahnbrücke, 560 m; **04** Naturfreundehaus, 564 m; **05** Unterquerung, 565 m; **06** Asphaltweg, 568 m; **07** Aussichtspunkt, 590 m; **08** Ammerberg, 593 m; **09** Polling, 569 m; **10** Alte Zieglerei, 563 m; **11** Steinsäule, 569 m; **12** Marienplatz, 575 m;

Die Mariensäule in Weilheim.

einen Asphaltweg. Dort wäre man sehr nahe an der Säulenhalle Stoa 169. Doch gibt es von unserer Route aus leider keinen direkten Zugang zu den Kunstwerken.

Auf den Fahrweg nach links einbiegen und zum Bahngleis bei St. Wolfgang hinab. Am Übergang die Bahnstrecke queren, kurz auf der Straße nach links und dann nach rechts zum Pollinger Weiher einbiegen. Am Weiher nördlich vorbei, rechts abdrehen und geradeaus nach Süden weiter. Dabei anfangs im Wald, später am Waldrand neben einer Moorwiese, bis wieder eine Fahrspur erreicht wird. Auf sie links einbiegen und gegen Norden bis kurz vor die ersten Häuser von Polling. Dort nach rechts dem nach Polling beschilderten Weg folgen. Er bringt uns in **Polling** `09` auf die Huglfinger Straße, die zur Tiefenbachbrücke führt.

Hinter der Brücke links abbiegen und auf der Weilheimer Straße zur ehem. Augustiner-Chorherren-Stiftskirche St. Salvator und Heilig Kreuz.

Von der Kirche zur Weilheimer Straße zurück, am alten Klosterwirt vorbei und neben der ehem. Klosterbibliothek weiter. Dann links abbiegen, der Klostermauer entlang und gegenüber der **alten Ziegelei (Restaurant)** `10` nach rechts auf den Prälatenweg einbiegen. Auf ihm aus dem Ort hinaus, am Ortsende links abbiegen und dem schnurgeraden Fuß- und Radweg folgend an der **Steinsäule** `11` vorbei und nach Weilheim hinein.

In Weilheim die Waisenhausstraße queren und am Sport- und Schulzentrum vorbei.

In der Altstadt nach links auf die Murnauer Straße einbiegen und gleich darauf nach rechts in die Pöltnerstraße. Am **Marienplatz** `12` nach rechts auf die Schmiedstraße und 100 Meter weiter vorne nach links durch die enge Cavaliergasse. Anschließend durch das Westtor, den Unteren Graben queren und auf der Lohgasse bis zum **Ausgangspunkt** `01` zurück.

Die Säulenhalle Stoa 169

Die Säulenhalle Stoa 169 liegt leider nicht direkt an der beschriebenen Route, lässt sich aber auf beschilderten Umwegen erreichen. Einfacher wäre es, vom Parkplatz an der Ammer bei der Roßlaichbrücke in einer guten Viertelstunde auf gutem Weg zu den Kunstwerken zu gehen. Das wäre dann schon fast eine eigene kleine Tour.

SCHELLBERG • 791 m

Auf dem Kirchen- und Kapellen-Rundwanderweg

 10,9 km 2:45 h 170 hm 170 hm 179

START | Basilika-Parkplatz in Altenstadt, 730 m
[GPS: Breite N 47.822284° Länge E 010.872069°]
CHARAKTER | Sehr einfache, gut beschilderte und weitgehend
flache Rundwanderung in freiem, nahezu schattenlosem Gelände.

Die Hubertuskapelle am Schellberg.

Glanzlicht dieser Rundwanderung ist die romanische Basilika von Altenstadt, direkt am Ausgangspunkt.

▶ Vom **Basilika-Parkplatz** 01 geht man auf die Triebstraße und nach Norden zum Rathaus am Marienplatz und geradeaus auf die St.-Lorenz-Straße. Dann nach links in die Webergasse einbiegen und beim **Neuwirt** links abbiegend zur **Dorfkapelle** 02.
Nach dem Besuch der Marienkapelle wieder zurück zum Neuwirt, an Bauhof und Feuerwehr vorbei und rechts abbiegend zur Schönach hinunter, der

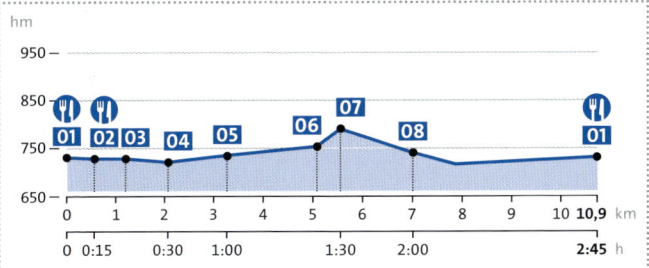

01 Basilika-Parkplatz, 730 m; 02 Dorfkapelle, 728 m; 03 Lorenzkirche, 728 m; 04 Schwabniederhofen, 719 m; 05 Ignatiuskapelle, 733 m; 06 Hubertuskapelle, 753 m; 07 Schellberg, 791 m; 08 Flurkreuz, 737 m

man nach links auf einem Fuß- und Radweg folgt.

Unmittelbar vor dem Werksgelände einen Abstecher nach rechts einlegen, über den Bach zur ehemaligen **Lorenzkirche** `03` und wieder zurück. Dann am Werksgelände rechts vorbei und unterhalb der Fallschirmspringerkaserne zum Ortseingang von **Schwabniederhofen** `04`.

Der Länge nach durch den Siedlungsbereich und am Ende des Senkenwegs links auf die Bachstraße einschwenken. Am Ortsende nach rechts die Oberdorfstraße auf die Burgstraße verlassen und einem Asphaltsträßchen bis zum militärischen Gelände folgen. Dann rechts abbiegen, an einem

Wegkreuz vorbei und zur **Ignatiuskapelle** `05`. Bei der dortigen Kreuzung scharf links abbiegen, vor dem Militärbereich rechts abknickend am Grillplatz vorbei und zu der im Jahr 2000 erbauten **Hubertuskapelle** `06`, wo sich ein großartiger Alpenblick öffnet.

Von der Kapelle kann man auf einer Schlepperspur in der gleichen Richtung gering ansteigend in den Wald hineingehen und vom Waldende nach rechts über eine Wiese auf den unbedeutenden **Schellberg** `07` ansteigen.

Vom Stadel auf dem höchsten Punkt über einen Wiesenhang entlang dem Weidezaun nach Norden zu einem Fahrweg hinunter, auf ihn rechts einschwen-

Die romanische Basilika von Altenstadt.

ken und nach Südosten wieder in freies, aussichtsreiches Gelände. Beim **Flurkreuz 08** an der nächsten Kreuzung links abbiegen, und nach Schwabniederhofen hinein. Zunächst auf dem Lehmgrubenweg durch den Ort hinunter, dann nach rechts auf die Hohenfurcher Straße einbiegen. Wer nicht auf der Straße gehen mag, quert zum Fuß- und Radweg auf der linken Seite der Schönach hinüber und geht auf der alten Römerstraße ziemlich lang und monoton nach Süden bis Altenstadt.

Im Siedlungsbereich schräg rechts in den Eichenweg einbiegen, dann rechts auf den Molkereiweg und schließlich zum **Ausgangspunkt 01** zurück.

Die berühmte Kreuzigungsgruppe in der romanischen Basilika von Altenstadt.

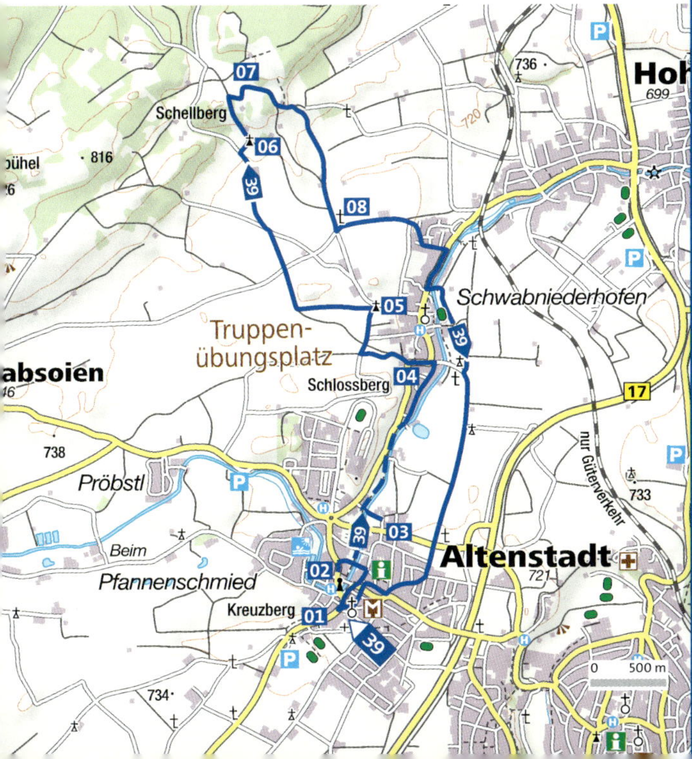

PEISSENBERG • 988 m

Über die Nordseite zur Wallfahrtskirche Mariä Himmelfahrt

  4,8 km 1:45 h 230 hm 230 hm 179

START | Hetten, Parkplatz und Bushaltestelle, 775 m
[GPS: Breite N 47.805453° Länge E 010.997090°]
CHARAKTER | Kurze, leichte, aber gelegentlich steile Rundwanderung mit prächtiger Aussicht vom höchsten Punkt.

▶▶ Auf der Kreisstraße 13 geht man am **Gasthof Hetten** 01 vorbei und unmittelbar vor der Bushaltestelle nach links auf einen Fußweg, der an der Leonhardkapelle vorbei etwas ansteigt.
Am Rande der Siedlung zweigt der beschilderte Wanderweg rechts ab und führt zum Waldrand hinüber. Anschließend steigt er relativ steil durch den Wald nach Südosten an, trifft auf einen Treppenweg und erreicht eine **Waldkapelle** 02.
Dahinter verzweigt sich der Weg, weitet sich zu einer Schlepperspur, die an dem **Gedenkkreuz** 03 für die im Jahr 1988 ermordete Jenny Wood vorbeiführt. Gleich darauf kommt man auf dem Gipfel des **Peißenbergs** 04 an.
Nach Besichtigung von Wallfahrtskirche Mariä Himmelfahrt und Gnadenkapelle folgt man einem anderen **Abstiegsweg** 05 der direkt vom Parkplatz über eine Wiese erst nach Norden, dann nach Nordosten abfällt. Dabei geht es auf Weidewiesen hinab und mehrmals auf Überstiegen über Zäune bis man wieder in dichten Wald eintaucht, wo der Weg an einem **Marterl** 06 vorbeiführt. Dann kommt man neben einer Straßenverzweigung zur schmalen Frauenwaldstraße, der man

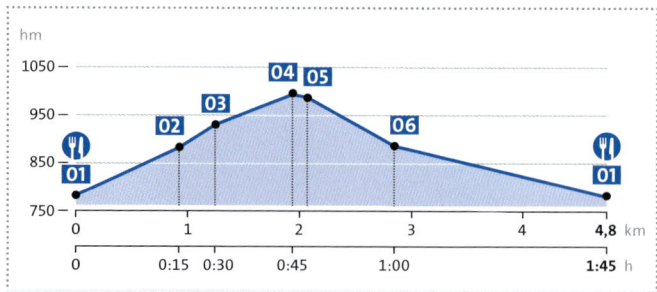

01 Hetten, 775 m; 02 Waldkapelle, 879 m; 03 Gedenkkreuz, 930 m; 04 Peißenberg, 988 m; 05 Abstiegsweg, 982 m; 06 Marterl, 880 m

Blick vom Peißenberg nach Süden auf die Alpen.

nach links folgt. Im weiteren Verlauf geht es wieder aus dem Wald heraus, an Bärnhöhle vorbei und an den Ortsrand von Hetten. Dort nach links auf einen Fußweg einbiegen und zum Aufstiegsweg zurück, dem man nach rechts zum **Ausgangspunkt 01** folgt.

STOLLENWEG • 850 m

Durchs ehemalige Bergbaugebiet am Südhang des Hohen Peißenbergs

 9,6 km 3:30 h 370 hm  370 hm 179

START | Parkplatz Sulz, 603 m
[GPS: Breite N 47.798512° Länge E 011.058404°]
CHARAKTER | Im Prinzip ist die Rundwanderung auf dem gut beschilderten Themenweg einfach, allerdings bei Nässe stellenweise sehr lehmig und rutschig.

▶ Vom **Parkplatz Sulz** `01` in Peißenberg geht man nach Süden, am Bergbaumuseum und am Tiefstollen vorbei und zur St.-Georg-Straße, auf der man neben der Kleingartenanlage und dem Bahngleis bis zur Abzweigung bleibt. Dann biegt die Route **scharf rechts** `02` ab und in den Wald hinein. Ein relativ steiler Treppenweg schlängelt sich zur **Georgskapelle** `03` hinauf. Von der Kapelle gehen wir nach Nordwesten weiter und stoßen schon bald auf eine schmale Asphaltstraße. Auf sie links einbiegen und gering abfallend durch Wald und über freie Hänge nach Südwesten weiter, bis am Waldrand nach rechts ein Pfad abzweigt. Er verläuft neben dem Waldrand dahin, unterquert eine Hochspannungsleitung und fällt im Wald steil zu einem Nebenast des Wörthersbachs ab, den man auf schmalem **Steg** `04` quert. Bald darauf kommen wir

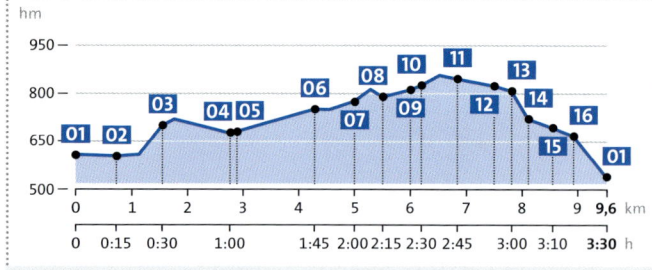

`01` Parkplatz Sulz, 603 m; `02` scharf rechts, 595 m; `03` Georgskapelle, 697 m; `04` Steg, 672 m; `05` Wörthersbach, 679 m; `06` Unterbau, 742 m; `07` links halten, 773 m; `08` Hauptstollen, 792 m; `09` Oststollen, 809 m; `10` Verzweigung, 827 m; `11` Hinterschwaig, 838 m; `12` Mitterschwaig, 825 m; `13` Vorderschwaig, 807 m; `14` Wegkreuz, 736 m; `15` Mittelstollen, 698 m; `16` Sulzer Stollen, 667 m

Über den Stollenweg ragt der Peißenberg auf.

zum **Wörthersbach** `05` und auf der nun folgenden längeren Waldetappe noch zu etlichen weiteren Gräben.

Auf dieser langen Strecke, die stetig nach Westen führt, kommt man zu mehreren Sockeln alter Seilbahnmasten und bei Nässe auch ziemlich in den Lehm hinein. Schließlich erreicht man die Berg-arbeitersiedlung **Unterbau** `06` und den Unterbaustollen. Am Ortsrand von Unterbau, noch vor der Bundesstraße, dreht man rechts ab und geht auf einem Fußweg durch ein Villenviertel zur Glückaufstraße hinauf. Auf sie rechts einbiegen und in ein paar Kurven nach rechts in Richtung Fuchshöhle.

Kohlebergbau am Peißenberg

Der Pechkohle-Abbau am Peißenberg begann 1837. Wegen der starken Konkurrenz anderer Energieträger und immer schwieriger werdenden geologischen Verhältnisse musste der Abbau im Jahr 1971 eingestellt werden. Viele der Stollen und Betriebsgebäude sind noch vorhanden, und in Peißenberg gibt es ein Bergbaumuseum, das jeden 1. und 3. Sonntag im Monat von 14 bis 16 Uhr geöffnet ist. Vom 15. Mai bis 15. September ist es zusätzlich am Mittwoch von 14 bis 16 Uhr geöffnet.
Bei diesem interessanten Museum beginnt der Stollenweg, der als Themenweg angelegt mit vielen Informationstafeln ausgestattet ist, die Auskünfte über die Geologie und den Bergbau geben.

An beschilderter Stelle müssen wir uns **links halten** 07, um einem breiten Weg zu folgen, der am Waldrand gegen Nordwesten ansteigt. Man stößt auf eine freie Wiese und quert sie auf einem Trampelpfad, bis wieder ein schmales Sträßchen erreicht ist. Auf dieses links einbiegen und in ein paar Kurven zum Parkplatz hinab.

Vom Parkplatz sind es nur etwa 100 m nach links zum **Hauptstollen** 08. Von ihm geht man wieder zurück und vom Parkplatz auf einer breiten Forststraße in den Wald hinein und nach Nordosten. Die Schotterstraße bringt uns am **Oststollen** 09 vorbei und zu einer **Verzweigung** 10. Bei ihr rechts weiter, bei den beiden folgenden Verzweigungen wieder rechts und über einen freien Hang gegen Süden nach **Hinterschwaig** 11 hinab. In Hinterschwaig scharf links abdrehen und auf einer anfangs geraden, schmalen Asphaltstraße über **Mitterschwaig** 12 bis **Vorderschwaig** 13.

Am Ende von Vorderschwaig biegen wir an beschilderter Stelle aus der Rechtskurve des Sträßchens links ab und gehen auf einem Waldweg anfangs am Hang entlang, dann nach links über den Hang hinunter und dem Wegweiser folgend relativ steil zu einem **Wegkreuz** 14 am Waldrand. Dort geht es nach links weiter, bald wieder in den Wald hinein und am Rande eines Systems von wilden Gräben weiter.

Bei einer Wegtafel beginnt nach rechts ein kurzer Abstecher zum **Mittelstollen** 15, von dem wir wieder zum Wanderweg zurückgehen.

Der Rückweg fällt im Wald weiter ab, führt am **Sulzer Stollen** 16 vorbei, stößt auf einen steilen Fahrweg und bringt uns nach Sulz und zum **Ausgangspunkt** 01 zurück.

Wappen von Hohenpeißenberg.

RUND UM DEN HAARSEE • 655 m

Im Eberfinger Drumlinfeld

 10,5 km 2:45 h 170 hm 170 hm 179

START | Eberfing, Gasthaus zur Post, 609 m
[GPS: Breite N 47.855743° Länge E 011.849955°]
CHARAKTER | Mit Schwierigkeiten ist normalerweise nicht zu rechnen.

Auf dieser leichten Rundwanderung gibt es eine prächtige Aussicht auf die Alpenkette zu bestaunen. Und im Sommer kann man im Haarsee baden.

▶ Vom Gasthaus Post in **Eberfing 01** geht man auf der Weilheimer Straße nach Nordwesten und biegt bei der Mariensäule rechts in die Haarseestraße ein. Auf ihr nach Norden weiter und dann nach rechts auf eine kaum befahrene Asphaltstraße einschwenken. Anschließend quert man die Kreisstraße WM1 und geht auf dem **Sonnenfeld 02** in den Wald hinein.

Gut 50 m hinter dem Waldrand biegt man nach rechts auf einen Fahrweg ein, hält sich bei der nächsten **Einmündung 03** links und geht auf das Schloss Hirschberg am Haarsee zu. Bei den Stadeln am eingezäunten Schlossgarten rechts abbiegen und am Zaun entlang durch den Wald weiter. Im kleinen Weiler **Hirschberg 04** wieder rechts halten, am **Haarsee 05** entlang zum Parkplatz und auch bei ihm rechts abdrehen. Nun nach Süden dahin, am nördlichsten Zipfel der Mitterlache rechts abbiegen und nach Süden bis zum Gut **Rothsee 06**, wo die

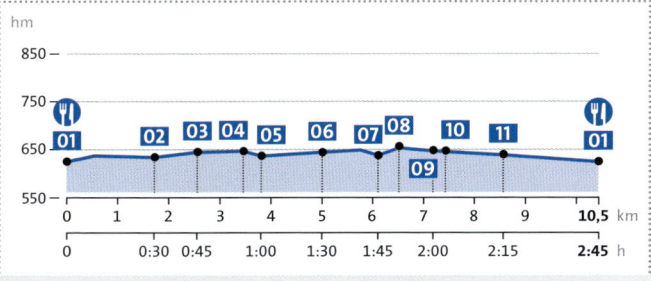

01 Eberfing, 609 m; **02** Sonnenfeld, 621 m; **03** Einmündung, 643 m; **04** Hirschberg, 647 m; **05** Haarsee, 635 m; **06** Rothsee, 641m; **07** rechts abbiegen, 636 m; **08** Verzweigung, 655 m; **09** Asphaltstraße, 648 m; **10** Ludwigsried, 647 m; **11** Riedlkapelle, 639 m

Eberfinger Drumlinlandschaft.

St.-Margarethen-Kapelle steht, die nicht öffentlich zugänglich ist. Neben ihr schräg links abbiegen, dann auf freiem Feld in weitem Rechtsbogen nach Osten weiter und unter dem Buchberg in einer lichten Senke **rechts abbiegen** 07. Nach Süden zur nächsten **Verzweigung** 08 weiter und auf einem **Asphaltsträßchen** 09 zum Hof in **Ludwigsried** 10 hinauf. Dort prächtiger Alpenblick.

Hinter einem Feuchtbiotop nach rechts auf eine Asphaltstraße einbiegen, bei der nächsten Straße abermals rechts und am Rand der Kreisstraße WM1 bis zur Verzweigung neben der **Riedlkapelle** 11. Dort links halten und am Fahrbahnrand nach **Eberfing** 01.

Schloss Hirschberg am Haarsee.

Eberfinger Drumlinfeld

Das Eberfinger Drumlinfeld nimmt den gesamten Raum von den Osterseen bis Diemendorf ein. Entstanden sind die eigenartigen Hügel unter dem Gletschereis der letzten Eiszeit. Ihre tropfenartige Form ist typisch: an der Vorderseite steil und flach auslaufend an der Rückseite. Meistens bestehen die Drumlins aus verdichtetem Material von Grundmoränen. Zwischen den berühmten Hügeln haben sich oft Weiher (wie der Haarsee, die Mitterlache oder der Rothsee) und Niedermoore gebildet.

LITZAUER SCHLEIFE • 763 m

Auf dem Lech-Höhenweg

 13,7 km 3:45 h 300 hm 300 hm 180

START | Kirchenstraße in Burggen, 746 m
[GPS: Breite N 47.775851° Länge E 010.818285°]
CHARAKTER | Bis auf den Abstecher zum Lechufer bei der Litzauer Schleife ist die Wanderung einfach.

Die landschaftlich sehr ansprechende und beliebte Wanderung verläuft weitgehend in freiem, aussichtsreichem Gelände. Die lohnenden Abstecher ins Naturschutzgebiet führen allerdings durch den Wald.
Bei dieser Rundwanderung kann man drei Abstecher einbauen, die zwar schön, aber nicht zwingend sind.

▶ Vom Platz unter der Kirche in **Burggen** 01 folgt man dem Angerweg nach Nordosten und geht dann nach rechts in die Schwarzkreuzstraße hinein. Bei der **Straßenverzweigung** 02 halten wir uns schräg links, gehen am Sportgelände vorbei und aus Burggen hinaus. Bei der nächsten Straßenverzweigung stehen ein Wegkreuz und ein Stein, der an die Via Claudia Augusta erinnert. Auch dort halten wir uns links und zweigen auf einer schwach ausgeprägten Anhöhe auf den zweiten nach rechts abbiegenden **Feldweg** 03 ab. Auf ihm nach Osten weiter.
Bei der nächsten, linksseitigen Abzweigung nach links abbiegen und etwa 100 m weiter vorne auf eine Asphaltstraße, die im Wald nach Rossau abfällt. Am Anfang

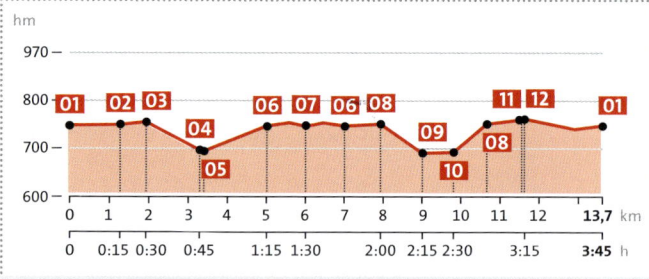

01 Kirche in Burggen, 746 m; 02 Straßenverzweigung, 747 m; 03 Feldweg, 753 m; 04 Rossau, 695 m; 05 Lechufer, 687 m; 06 Tümpel, 743 m; 07 Grill- und Rastplatz, 756 m; 08 Lech-Höhenweg rechts ab, 754 m; 09 Lech, 687 m; 10 Untere Au, 692 m; 11 Wegkreuz, 762 m; 12 Rastplatz, 763 m

Schongauer Lechsee bei Rossau.

von **Rossau** `04`, bei der Rechtskurve am Waldrand geht man
geradeaus weiter und auf einem
Waldweg gut 100 m weit bis zum
Lechufer `05` hinaus.

Von diesem ersten Abstecher folgt
man dem gleichen Weg wieder
zurück, bleibt aber dann auf dem
beschilderten Lech-Höhenweg
und trifft neben einem kleinen

Burggen.

Tümpel `06` wieder zu einer Verzweigung.

Dort beginnt der zweite Abstecher. Er führt links hinauf, und bei der folgenden Verzweigung nach rechts. Schließlich kommt man auf eine lange Waldwiese, an deren Rand man nach Osten zur Grenze des Naturschutzgebiets an der Hangkante gehen kann. Dort rechts abdrehen, am Waldrand weiter und zu einem aussichtsreichen **Grill- und Rastplatz** `07`. Dann wieder zum **Tümpel** `06` zurück, auf dem Lech-Höhenweg links abbiegen und über die Ghagetslaichwiesen nach Süden weiter.

Von dem Wald- und Feldweg zweigt der **Lech-Höhenweg** an beschilderter Stelle **rechts ab** `08`.

Der dritte Abstecher führt geradeaus weiter, in den Wald hinein und dann gering abfallend bis zum **Lech** `09` hinunter. Am Ufer kann man auf einem anfangs guten Weg nach Westen durch die **Untere Au** `10` bis in die Nähe der Litzauer Schleife gehen. Der Weg führt am schützenswerten Auwald entlang, wird zwischendurch ein paar Mal sehr nass und endet schließlich in einem steilen Hang. Da dort nichts mehr weitergeht, muss man bis zur **Lech-Höhenweg** `08` wieder zurück.

Bei der Abzweigung des beschilderten Wanderwegs den Fahrweg verlassen und auf einem Wiesenweg relativ steil hinauf. Dann an mehreren Aussichtspunkten vorbei, mit schönem Blick auf die Litzauer Schleife, zu einem **Wegkreuz** `11` und einem **Rastplatz** `12`. Dann auf einen Fahrweg links einbiegen, bei der Rechtskurve des Fahrwegs geradeaus weiter und nach **Burggen** `01` zurück.

SCHNALZ • 901 m

An der Ammerleite

  10,8 km  5:00 h 570 hm 570 hm 179

START | Peiting, Parkplatz Schnalz, 724 m
[GPS: Breite N 47.777746° Länge E 010.950218°]
CHARAKTER | Wer sich diese abenteuerliche Rundwanderung zutraut, muss trittsicher und schwindelfrei sein, denn es sind etliche ausgesetzte Stellen zu bewältigen (Absturzgefahr!). Zudem macht feuchter Lehm das Vorwärtskommen schwer, vor allem bei nassem Wetter.

Das Ammertal südöstlich von Peiting wird Schnalz genannt. Aber auch ein kleiner Aussichtsbuckel nordwestlich von Böbing trägt diesen Namen, und das sind nicht die einzigen Verwirrungen auf dieser Rundtour. Bei der langen Wanderung kommt man in „Teufels Küche". So heißt nämlich die Hauptattraktion in einer langen Reihe von Sandsteingrotten an den Steilhängen der Ammerleite.

▶ Vom **Parkplatz Schnalz** **01** folgt man einer anfangs breiten Promenade, die sich bald etwas verjüngt und ins Naturschutzgebiet hineinführt. Dann dreht der Weg ein wenig links ab, führt an der Hangkante entlang und verzweigt sich neben einer Quelle bei einem Wasserrad. Dort links weiter und zu einem Treppensteg, der relativ steil zur Ammer abfällt und kurz vor dem Kalkofensteg an interessanten **Kalksinterterras-**

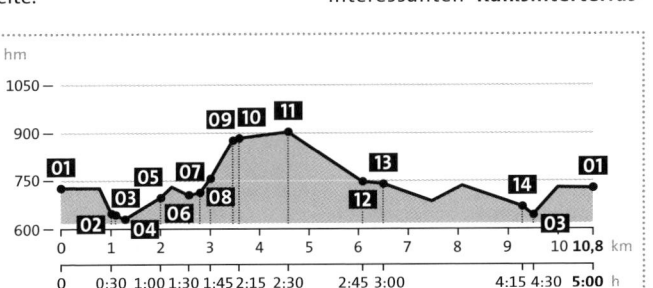

01 Parkplatz Schnalz, 724 m; **02** Kalksinterterrassen, 649 m; **03** Kalkofensteg, 642 m; **04** Spur, 639 m; **05** Böbing, 688 m; **06** Teufelsküche, 703 m; **07** Wegspur, 710 m; **08** Wegverzweigung, 754 m; **09** Rast- und Aussichtsplatz, 875 m; **10** Forststraße, 881 m; **11** Schnalz, 901 m; **12** Holzleithen, 748 m; **13** Pfad, 742 m; **14** Wegeinmündung, 670 m

Der Kalkofensteg.

sen **02** vorbeiführt. Dann quert man auf dem überdachten **Kalkofensteg 03** die wilde Ammer. Am jenseitigen Ufer der Ammer kurz flussaufwärts weiter und schon bald auf einem Pfad nach links in den Auwald einbiegen und einen Kanal queren. Gleich dahinter zweigen nach links ein paar Pfadspuren ab. Dort auf die erste **Spur 04** einbiegen und nach Norden hinauf. Unbequem einen Bachgraben queren und rechts abdrehend dem streckenweise schwer zu findenden Pfad am steilen Waldhang hinauf folgen. Der mit alten Markierungszeichen versehene Steig macht es dem Wanderer nicht immer leicht, im nassen und feuchten Laub und über umgestürzte Bäume vorwärts zu kommen.

Beim alten Wegweiser nach **Böbing 05** verlassen wir den Bergpfad und biegen auf eine schwer erkennbare, alte Wegspur direkt in den Hangwald hinein ab. Weiter oben finden sich sogar rote Markierungspunkte, die eine Hangrippe an ihrem oberen Rand queren und eine Pfadspur anzeigen, die gering abfallend am Hang entlangführt. Dann geht es ein wenig nach rechts und am stark abbrechenden Hang sehr schmal und ausgesetzt entlang, bis man auf die markanten Sandsteinfelsen trifft, neben denen man bis zur wilden **Teufelsküche 06** geht. Hinter den interessanten Felsen und Grotten zweigt an schwer zu sehender Stelle, noch bevor der Pfad am Hang wieder abfällt, nach links eine undeutliche **Wegspur 07** ab. Anfangs ist sie ziemlich steil und verwegen. Wir folgen ihr nach links hinauf, und schon bald wird der Aufstieg ziemlich einfach. Er führt über einen langen Treppenweg hinauf und auf eine Waldrippe, über die man relativ bequem durch den Wald weiter aufsteigen kann.

Bei einer beschilderten **Wegverzweigung 08** geht es schräg nach rechts weiter, dem Wegweiser zum Schnalzberggipfel folgend. Wieder kommt man auf einen langen Treppensteig, der an alten Grenzsteinen entlang über einen scharfen Gratrücken ansteigt und bei einem **Rast- und Aussichtsplatz 09** vorbeiführt.

Hinter dem Rastplatz geht man auf dem gut beschilderten und markierten Wanderweg in den

Hochwald hinein und stößt auf eine **Forststraße 10**. Auf sie rechts einbiegen, bei der folgenden, beschilderten Verzweigung links und gleich darauf geradeaus weiter, bis man an den Rand einer ausgedehnten Wiese kommt.

Kurz vor dem Ende der Schotterstraße nach rechts in den Wald hinein, ein paar Meter bis zur Hangkante und ihr entlang bis zum Markierungsstein des höchsten Punkts. Von ihm auf einem Wiesenweg weiter, bei der Panoramatafel links abdrehen und zum Gipfelkreuz auf der **Schnalz 11** weiter. Bis zur Wegverzweigung entlang der Aufstiegsroute. Dort links abdrehen und auf einem Asphaltsträßchen nach **Holzleithen 12** hinab. Im Bauerndorf neben dem Wegkreuz rechts abbiegen und beim Stallgebäude nach Südwesten aus dem Ort hinaus.

Auf einer Fahrspur zum Waldrand und dann rechts abdrehen. Rund

100 m weiter vorne zweigt nach links ein unbezeichneter **Pfad 13** ab. Er fällt im Wald gering ab und trifft weiter unten auf einen Querweg. Dort entgegen der roten Markierung rechts abbiegen und auf schmalem, lehmigen Pfad den steilen Ammerhängen entlang. Vor allem bei nassem Wetter kommt man um eine Schlammschlacht nicht herum. Man quert auf diesem langen Waldweg, der mehrmals auf und ab führt, etliche Bachrunsen, die dem alten Pfad mitunter hart zugesetzt haben.

Nach diesem langen, bisweilen zermürbenden Rückweg stößt man zu einer beschilderten **Wegeinmündung 14**, geht geradeaus weiter, gleich darauf wieder geradeaus und kommt schließlich zum **Kalkofensteg 03** hinab, wo man wieder die Aufstiegsroute erreicht. Auf ihr bis zum **Ausgangspunkt 01** zurück.

KIRNBERG • 949 m

Auf dem Kirnberg-Rundweg

 14,5 km 4:15 h 420 hm 420 hm 180

START | Böbing, Gemeindeamt, 744 m
[GPS: Breite N 47.753763° Länge E 010.987396°]
CHARAKTER | Relativ lange Rundtour. Die Etappe von der Brombergalm zum höchsten Punkt ist ziemlich steil und mühsam. Einige Streckenabschnitte sind sehr nass.

Vom Gemeindeamt in **Böbing 01** folgt man der Kirchstraße rechts abbiegend bergab und biegt nach links auf den Riedelweg ein. Anschließend nach links auf den Hahnenmoosweg und nach rechts dem Fußwegweiser nach Kirnberg folgen. Der gute Wanderweg führt aus dem Ort hinaus und durch eine ansprechende Wald- und Wiesenlandschaft dahin. Bei einem Linksbogen gehen wir auf einer Traktorspur geradeaus weiter. In dieser schönen Gegend kommen wir zu einem **Wegkreuz 02** und gleich dahinter zu einer Verzweigung, wo es ebenfalls geradeaus weitergeht. In geringem Auf und Ab geht es nun immer in der gleichen Richtung weiter, am **Lixhof 03** vorbei, und wir verlassen in der Ortschaft Kirnberg eine schmale Asphaltstraße in ihrer **Rechtskurve 04** und gehen am Arsbaldhof vorbei. Bei der Verzweigung einer **Asphaltstraße 05** gehen wir geradeaus dahin und hinter dem **Karlerhof 06** wieder deutlich abwärts. Anschließend bringt uns der Rundweg am **Pierlinghof 07** vorbei.
In der scharfen Linkskehre des **Asphaltwegs 08** gehen wir, dem

Wegweiser folgend, in der gleichen Richtung weiter, über einen Zaunüberstieg, schräg über eine Wiese und beim Wegweiser am

01 Böbing, Gemeindeamt, 744 m; **02** Wegkreuz, 742 m;
03 Lixhof, 775 m; **04** Rechtskurve, 778 m; **05** Asphaltstraße, 784 m;
06 Karlerhof, 801 m; **07** Pierlinghof, 790 m; **08** Asphaltweg, 778 m;
09 Jägerhof, 768 m; **10** Brombergalm, 819 m; **11** Dreiseenblick, 949 m;
12 Wegweiser links, 910 m; **13** Vorderkirnberg, 822 m;
14 Pestfriedhof, 757 m; **15** Kirchstraße, 735 m

Blick vom Kirnberg-Rundweg zum Schnalz-Gipfel.

Waldrand wieder auf einen Fahrweg. Hinter dem **Jägerhof** `09` (Reiterhof) queren wir wieder eine Straße und biegen hinter einem Bachgraben rechts ab. Neben dem Bach nach Süden hinauf und bei der Verzweigung nach links zur **Brombergalm** `10`.

Von der Brombergalm auf gleichem Weg rund 100 m zurück und dann links abbiegen. Anschließend wird es ziemlich steil. Wir folgen einer Waldlichtung in ausholendem Linksbogen (im Winter Skipiste) und halten uns in den oberen Hängen etwas links, um bis zur Bergstation des Skilifts zu gehen. Von dort weiter hinauf und zur Scheitelstrecke des Kirnbergs. Über sie zur Wegtafel, wo wir rechts auf einen Feldweg einbiegen. Bald darauf erreicht man den Hof von Oberhett. Von dort sind es nur noch ein paar Meter zum Rastplatz und zum Kreuz auf dem **Dreiseenblick** `11`.

Vom höchsten Punkt der Wanderung gehen wir wieder zum Fahrweg zurück und folgen ihm auf aussichtsreichen Sonnenhängen nach Nordwesten, bis neben einem Waldeck der **Wegweiser** nach **links** `12` zeigt. Dort verlassen wir den Fahrweg und folgen der Wanderroute zu einer Panoramawiese. Über sie fällt der weitere Weg ein längeres Stück etwas ab und stößt zu einem Querweg. Auf ihn rechts einbiegen, wieder etwas aufwärts und zum Ortsrand von **Vorderkirnberg** `13`. Dort erreichen wir eine kaum befahrene Autostraße, auf der wir nach rechts durch den Ort gehen und am Ortsausgang links abbiegend auf einem Feldweg weitergehen. Bei der folgenden Verzweigung links abdrehen, neben ein paar Hütten wieder links und nach Norden weiter, bis der Rückweg nach rechts abknickt. Der Beschilderung folgend erreicht man schließlich im Wald den Hinweg wieder.

Bei der Abzweigung neben dem **Wegkreuz** `02` kann man links gehen und noch den alten **Pestfriedhof** `14` besuchen, ehe man von ihm nach Norden zur **Kirchstraße** `15` in Böbing und zum **Ausgangspunkt** `01` zurückgeht.

ACHBERG UND EYACHER FILZ • 662 m

An Eyach und Ach

  10 km 2:45 h 180 hm 180 hm 179

START | Eyach, 613 m
[GPS: Breite N 47.769482° Länge E 011.092214°]
CHARAKTER | Mit Schwierigkeiten ist normalerweise nicht zu rechnen.

Die Wanderung lässt sich in zwei vollkommen gegensätzliche Etappen aufteilen. Der erste Teil, südlich von Eyach verläuft durch eine hügelige Wald- und Wiesenlandschaft und der zweite, nördlich von Obermaxlried gelegene Abschnitt bringt uns durch eine nahezu ebene, weite Wiesenfläche.

▶ Von **Eyach** **01** nach Süden dem Sträßchen folgen, das in einer Kehre an einer Lourdesgrotte vorbei nach **Sankt Nikolaus** **02** ansteigt, wo ein idyllisches Kircherl steht. An der sehenswerten Kirche vorbei und dem Fahrweg nach Südwesten folgen. Bald führt er in den Wald hinein, und auf der Scheitelstrecke zweigt nach links eine **Schlepperspur** **03** ab. Dort nach links einbiegen und die beschilderte Route 67 verlassen. Wir kommen nun zwischen eigentümlichen Geländestufen durch den Wald weiter, dann dreht die Fahrspur rechts ab und schwingt sich auf ein kurzes Stück ziemlich steil auf. Der streckenweise etwas morastige Weg stößt dann auf einen **Kiesweg** **04**, auf den wir links einbiegen.
Bald darauf erreichen wir an beschilderter Stelle ein **Asphalt-**

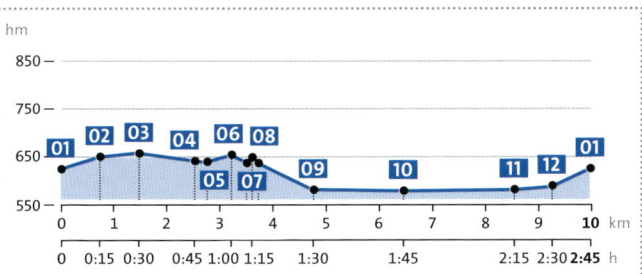

01 Eyach, 613 m; **02** Sankt Nikolaus, 650 m; **03** Schlepperspur, 662 m; **04** Kiesweg, 642 m; **05** Asphaltsträßchen, 640 m; **06** Gut Achberg, 653 m; **07** Marienkapelle, 633 m; **08** Achberg, 648 m; **09** Obermaxlried, 589 m; **10** Untermaxlried, 583 m; **11** Wildgehege, 588 m; **12** Kreilhof, 598 m sträßchen  **05**, auf dem wir nach links weitergehen. Es verlässt den Wald, steigt zu einer aussichtsreichen Anhöhe auf und verzweigt sich kurz vor dem **Gut Achberg 06**. Wir halten uns links und folgen dem Wegweiser nach Obermaxlried.

Bei der alten **Marienkapelle 07** kann man rechts abbiegen, kommt am Waldrand zur nächsten Marienkapelle und kann nach links zum Aussichtspunkt auf dem **Achberg 08** ansteigen.

Von dort wieder zur unteren **Marienkapelle 07** hinab, rechts abbiegen und zu einem Holzplatz. Hinter ihm verzweigt sich das Sträßchen, und wir halten uns links und gehen unter der steilen Flanke des Schlossbergs bis zum Ortsschild von Maxlried. Dort links abdrehen, zum Wohnhaus und nach rechts auf einem Feldweg bis **Obermaxlried 09**, wo wir der Achstraße folgen und gegen Norden neben der Ach bis **Untermaxlried 10** gehen.

In Untermaxlried müssen wir die Kreisstraße WM15 queren und auf dem Boxlrieder Weg nach Nordwesten weitergehen. Wir kommen nun in den trockengelegten Eyacher Filz und folgen dem Asphaltweg bis kurz vor den Auwald. Bei der dortigen Verzweigung links weiter, zum Rand des **Wildgeheges 11** und auch dort links abdrehen. Schließlich erreichen wir **Kreilhof 12**, und von dort müssen wir am Rande der Kreisstraße nach **Eyach 01** zurück.

St. Nikolaus bei Eyach im Pfaffenwinkel.

Am Achberg.

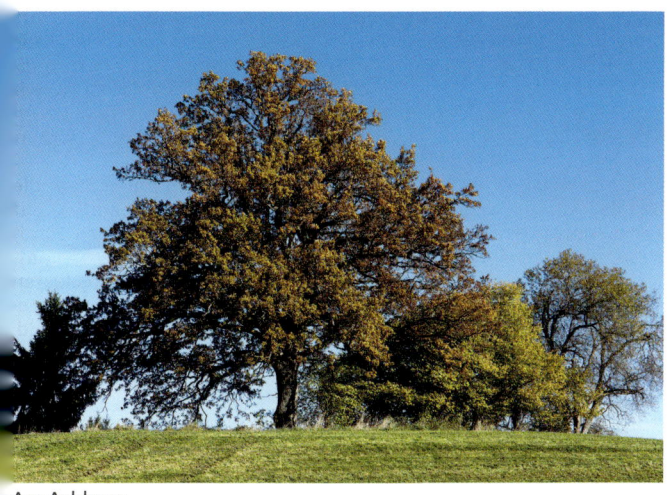

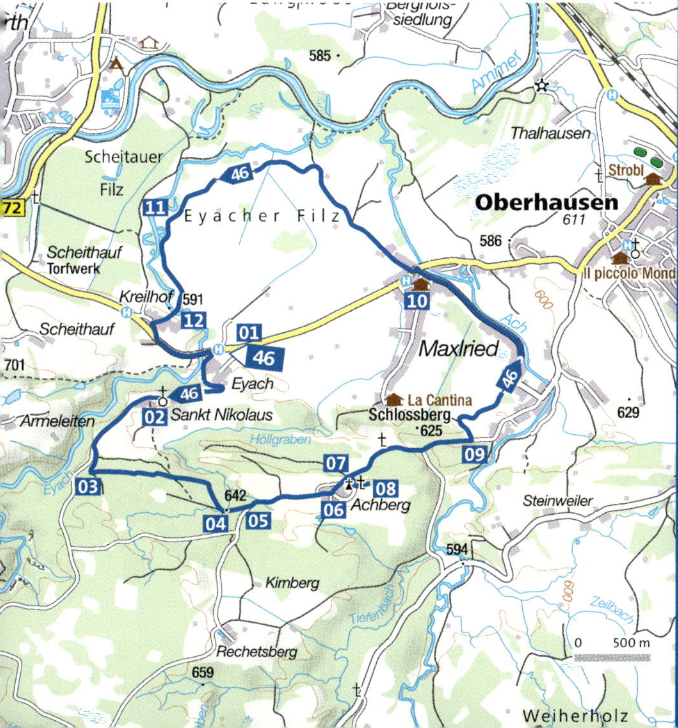
siedlung
585
Ammer
Thalhausen
Strobl
Oberhausen
611
586
Il piccolo Mond
Scheitauer
Filz
72
11
46
Eyacher Filz
Scheithauf
Torfwerk
Kreilhof
591
12
Scheithauf
01
46
10
Maxlried
Ach
600
701
Eyach
46
Sankt Nikolaus
02
Armeleiten
La Cantina
Schlossberg
625
629
Höllgraben
07
08
09
03
642
04
05
06
Achberg
Steinweiler
594
Kirnberg
600
Zeilbach
Tiefenbach
Rechetsberg
659
0
500 m
Weiherholz

AUERBERG • 1055 m

Durch die Feuersteinschlucht

  8 km 3:00 h 300 hm 300 hm 179

START | Wanderparkplatz Unterleithen westlich von Bernbeuren, 789 m
[GPS: Breite N 47.736990° Länge E 010.736250°]
CHARAKTER | Grundsätzlich sehr einfache Wanderung. Allerdings ist beim Rückweg von Elensberg zum Ausgangspunkt ein wegloser Waldabschnitt zu meistern. Einfacher aber weiter wäre der Rückweg über Bernbeuren.

Vom **Wanderparkplatz** 01 an der Kreisstraße WM 19, westlich von Bernbeuren, geht man gering ansteigend auf dem beschilderten Wanderweg gegen Westen nach Unterleithen hinauf. Dort quert man eine Asphaltstraße und folgt einem Wanderweg neben einer Hecke den Hang hinauf. Am Waldrand schwenkt unser Weg rechts ab und fällt ein paar Meter in die **Feuersteinschlucht** 02 ab. Der Steig führt durch das Tal, über ein paar Stege und dann neben einem kleinen Wasserfall auf einem Treppenweg steil hinauf.

Zwischen zwei Bachgräben teilt sich das Tal, und der Pfad steigt genau dazwischen über einen steilen Waldrücken an, um einen Blick in das benachbarte Rotwildgehege freizugeben. Folgt man dem beschilderten Wanderweg nach Südwesten weiter, kommt man aus dem Wald heraus, zur Autostraße, die man ein paar Meter weiter westlich nach links verlässt. Auf einem Fahrweg geht man bis kurz vor den **Honeleshof** 03, biegt unmittelbar vor ihm rechts auf einen Feldweg ab und kommt zum Waldrand, wo

man nach links weitergeht. Auf einem aussichtsreichen Höhenrücken biegen wir rechts ab und gehen zum Jägersteig, der an einem **Aussichtspunkt** 04 vorbeiführt und dann in den Wald ein-

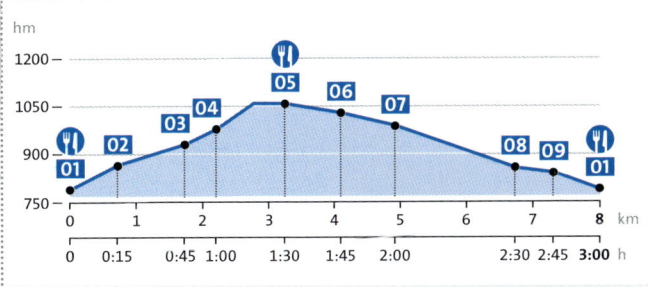

01 Wanderparkplatz, 789 m; **02** Feuersteinschlucht, 865 m; **03** Honeleshof, 933 m; **04** Aussichtspunkt, 977 m; **05** Auerberg, 1055 m; **06** Buffernandl, 1030 m; **07** Helmer, 985 m; **08** Senthub, 855 m; **09** Elensberg, 839 m

taucht. Schließlich erreichen wir die Scheitelstrecke des Auerbergs und treffen hinter dem Waldrand zu einem Spazierweg, dem wir zur Wirtschaft und zur St. Georgskirche auf dem **Auerberg 05** folgen.

Wer eine besonders lohnende Aussicht genießen möchte, steigt vom Altarraum auf einer alten, engen Holztreppe etwas ungemütlich zum Kirchturm hinauf. Der Rückweg verläuft anfangs

Blick vom Südhang des Auerbergs zum Säuling.

entlang der Aufstiegsroute. Bei der Abzweigung des Jägersteigs gehen wir aber geradeaus weiter, über einen römischen Wall und auf der aussichtsreichen Südseite des Auerbergs in Kurven hinab. Dabei kommt man am prächtigen Aussichtsplatz **Buffernandl 06** vorbei und in den Weiler **Helmer 07**. Von Ihm auf einem Asphaltweg zum Sennhof weiter und zu einer Autostraße hinab, der man bis Straß nach Osten folgt. In Straß biegen wir links ab, gehen nach **Senthub 08** hinauf, drehen bei der nächsten Verzweigung wieder links ab und kommen zum Hof von **Elensberg 09**.

Hinter der Hofstelle führt ein Feldweg über eine weite Kuppe und verliert sich in der Wiese. Schließlich erreicht man wieder einen Waldrand. Links einer kleinen Geländebarriere geht man in den Wald hinein und findet mit etwas Spürsinn einen alten, verfallenen Weg, der nach Nordosten abfällt und am unteren Waldrand links abdreht. Nun am Waldrand entlang, rechts herum und zum **Ausgangspunkt 01** zurück.

Panoramareicher Rastplatz am Südhang des Auerbergs.

PREMER FILZ • 823 m

Auf dem Moorlehrpfad

 9,8 km 3:15 h 160 hm 160 hm 179

START | Wanderparkplatz Moorlehrpfad Prem, 735 m
[GPS: Breite N 47.685790° Länge E 010.803451°]
CHARAKTER | Leichte Rundwanderung durch ein interessantes Moorgebiet und eine weitgehend aussichtsreiche, freie Landschaft.

Im ehemaligen Torfstich des Premer Filzes wurde ein schöner, informativer Moorlehrpfad angelegt, der nicht nur die Schönheiten des Pfaffenwinkels vermittelt, sondern auch interessante Informationen über den Lebensraum Moor gewährt.

▶ Vom **Wanderparkplatz 01** an der Röthenbachstraße in Prem geht man kurz nach Osten und biegt dann nach links auf den Moorlehrpfad ein. Gleich darauf geht es auf einem Damm über den Röthenbach, durch das ehemalige Moorbad und auf einem Steg über den Bach. Am Rand der Wohnbe-

bauung stößt man schließlich auf ein Sträßchen, dem man nach Osten folgt. Auf freiem Feld geht es anschließend durch eine Linkskurve und in den Wald hinein.
Beim folgenden Steg biegen wir rechts ab, gehen auf eine kleine, bewaldete Anhöhe und dann auf schmalem Pfad nach Norden in abgebautes Torfstichgelände hinein. Bei der Infotafel rechts abbiegen und im schönen Moorbereich nach Osten länger dahin. Der Moorpfad **knickt links ab 02**, verläuft noch durch einen prächtigen Filzbereich und bringt uns immer mehr in den Wald hinein. Anschließend stoßen wir auf eine

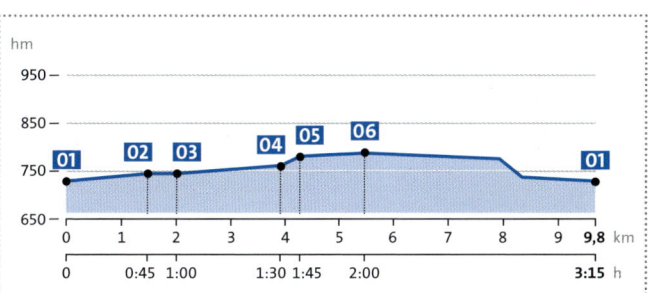

Rohrkolben im Premer Filz.

Forststraße 03, halten uns rechts und gehen in leichtem Rechtsbogen durch den Premer Filzgraben weiter. Hinter dem Waldrand dreht der Fahrweg in einer weiten Wiese rechts ab und führt im Wesentlichen nach Süden zum Punkt 755 m, unmittelbar vor dem Eichelbach. Dort **biegen wir links ab 04** und folgen dem Fahrweg ansteigend bis **Unterried 05**. Unmittelbar am Ortseingang geht es dann rechts weiter, und noch vor der Kapelle im Ort nach links und bis zu einer Straßenkreuzung weiter. Bei der Kreuzung geradeaus und gegen Südwesten nach **Sauwald 06** und in das Truppenübungsgelände hinein. Durch dieses auf einem asphaltierten Sträßchen weiter, bis am Waldrand nach rechts ein grober Fahrweg abzweigt. Er führt durch den Wald dahin und mündet in eine freie Wiese, wo er endet. Wir gehen quer über die Wiese, erreichen wieder eine Fahrspur, die sich zu einer Asphaltstraße weitet, und nach Prem abfällt.

Der Rest der Rundwanderung führt von Süden nach Norden durch Prem und zum **Ausgangspunkt 01** zurück.

Alter Torfstich im Premer Filz.

Alpenblick vom Premer Moorlehrpfad.

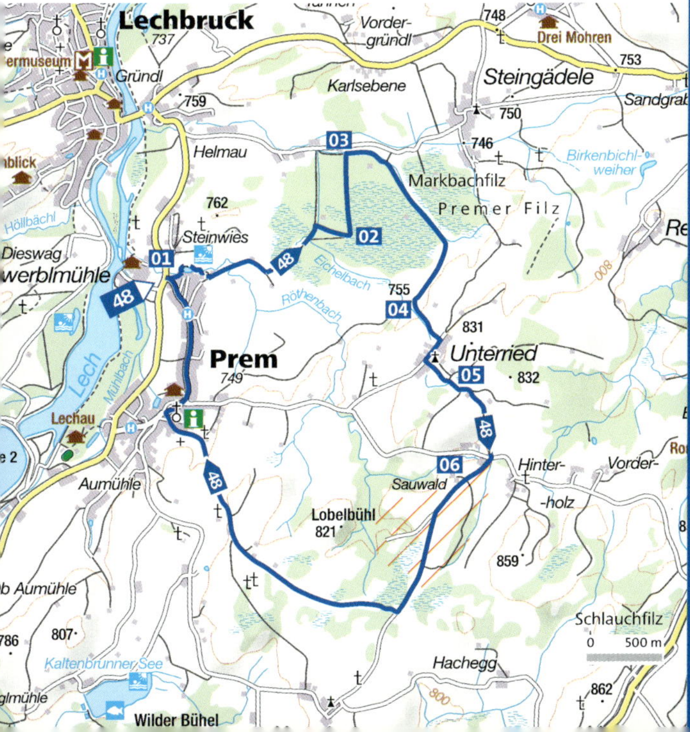

STEINGADEN – WIES • 884 m

Auf dem Brettleweg

 10,9 km 3:15 h 260 hm 260 hm 179

START | Parkplatz beim Kinderspielplatz im Friedhofweg, 768 m [GPS: Breite N 47.702666° Länge E 010.864685°]
CHARAKTER | Leichte Rundwanderung durch Wälder, freies Feld und durch ein schönes Moor mit je einer wunderbaren Kirche am Ausgangs- und am Zielpunkt.

Von der prächtigen Welfenkirche in Steingaden zur einmaligen Wieskirche gibt es einen kurzweiligen und beliebten Weg, der u. a. durch das schöne und aussichtsreiche Naturschutzgebiet Wiesfilz führt. Der Rückweg verläuft auf einer anderen Route.

► Vom **Kinderspielplatz** `01` in Steingaden folgt man dem Friedhofweg nach Süden und biegt nach rechts in die Kissingerstraße ein.
Nach dem Besuch des **Welfenmünsters** `02` mit seinem mittel-

alterlichen Kreuzgang verlässt man den Bereich des ehemaligen Prämonstratenserklosters auf der Prämonstratenserstraße und kommt zur Klosterschenke.
Auf der Welfenstraße zum Sägewerk, links abbiegen, der Graf-Dürkheim-Straße gering ansteigend zur Friedenskirche folgen und kurz durch den Wald. Auf freiem Feld neben einem Stadel nach rechts auf eine Privatstraße einbiegen, bei der folgenden Verzweigung am Waldrand geradeaus weiter und auf schönem Waldweg bis zu einer Forststraße hinab.

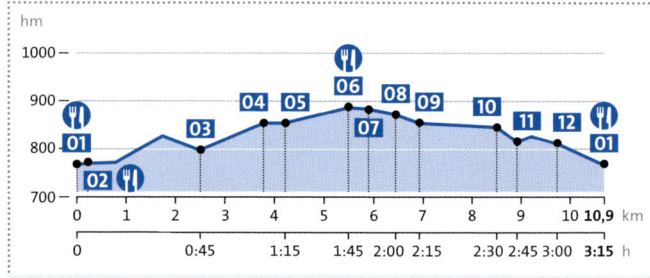

`01` Kinderspielplatz, 768 m; `02` Welfenmünster, 769 m; `03` Haareckbach, 797 m; `04` Forststraße, 856 m; `05` Prälatenweg, 856 m; `06` Wies, 884 m; `07` Wallfahrtkreuz, 881 m; `08` Landvolkshochschule, 876 m; `09` rechts, 857 m; `10` Lizau, 843 m; `11` Brunnen, 818 m; `12` Badweiher, 814 m

Ausblick vom Brettleweg zum Estergebirge und auf die Ammergauer Alpen.

Wieskirche.

In einer Linkskurve des Fahrwegs führt der Brettlweg geradeaus weiter und über den **Haareckbach 03**. Am Rande des Naturschutzgebiets Wiesfilz stößt man schließlich auf eine **Forststraße 04** und biegt auf sie rechts ein. Mitten im Wald kreuzt sich der Fahrweg mit einem Wanderweg. Das ist leicht zu übersehen, und verlangt deshalb Aufmerksamkeit. Wir biegen dort links ab und gehen auf dem **Prälatenweg 05** mitten ins großartige Naturschutzgebiet Wiesfilz hinein. Der Brettlweg quert den Moorbereich zwischen Spirken durch den Bruchwald und erreicht nach kurzem Waldgürtel freies Feld. Links abbiegend folgen wir dem Wiesenpfad nach **Wies 06** hinein und gehen zur großartigen Wieskirche.

Der Rückweg bringt uns von Wies auf einer schmalen Asphaltstraße nach Norden, bei der Abzweigung schräg rechts und zum wuchtigen **Wallfahrtkreuz 07**. Dort verlassen wir den Fahrweg und gehen neben einer Baumreihe nach Norden zur Katholischen **Landvolkshochschule 08**.

Beim Seminarzentrum links abbiegen und zur Staatsstraße 2559. Man muss nun am Rande der Autostraße nach links weiter, verlässt sie aber beim ersten Feldweg nach **rechts 09**. Er steigt über eine Wiesenkuppe etwas an und fällt am Waldrand zu einer Mulde ab. Dort schräg links weiter am südlichen Rand des Naturschutzgebiets Gschwandfilz nach Westen, um dann mit einem Fahrweg rechts zu schwenken.

In **Litzau 10** links abbiegen und auf einer kaum befahrenen Asphaltstraße nach Westen weiter, dann an einem **Brunnen 11** und dem **Badweiher 12** vorbei. In einer schwach ausgeprägten Linkskurve des Sträßchens rechts auf einen Pfad abzweigen, an einem Rastplatz beim Steinkreuz vorbei und bis zum Hinweg bergab. Auf ihm nach Steingaden und zum **Ausgangspunkt 01** zurück.

MÜHLEGG • 958 m

Aussichtsrunde über Wildsteig

 10,6 km 2:45 h 330 hm 330 hm 179

START | Wildsteig, Am Stockplatz, 850 m
[GPS: Breite N 47.703100° Länge E 010.936772°]
CHARAKTER | Sehr aussichtsreiche und einfache Rundwanderung mit nur wenigen kurzen Waldetappen.

▶ Vom Parkplatz am Stockplatz in **Wildsteig 01** folgen wir der Kirchbergstraße hinauf und biegen nach rechts auf den Dornersbachweg ein. Vor der Sparkasse links halten und abwärts aus dem Ort hinaus, in der Rechtskurve die Straße geradeaus verlassen und in eine Talsenke hinunter. In ihr zwischen zwei Fischteichen durch und zu den Häusern von Unterbauern hinauf. Beim **Wegkreuz 02** nach rechts auf die Fahrstraße einbiegen und zur Bushaltestelle bei **Seemühle 03** hinunter. Dort die Staatsstraße 2059

queren, an der Seemühle vorbei, über den Bach, dann schräg links und kurz neben dem Schwarzenbach dahin.

Rechts haltend auf einem Sträßchen dem Wegweiser nach Rentschen folgen, aus dem Wald heraus, am Wegkreuz vorbei und nach **Ilchberg 04**. Beim nächsten **Wegkreuz 05** verzweigt sich die Straße. Dort links und auf einem Feldweg zur nächsten **Weggabelung 06** weiter, wo wir rechts abbiegen und zum **Rentschenhof 07** weitergehen. Bei ihm rechts abbiegen und auf einem

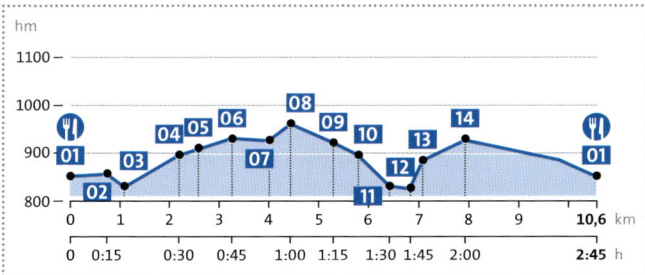

01 Wildsteig, Am Stockplatz, 850 m; **02** Wegkreuz, 856 m; **03** Seemühle, 829 m; **04** Ilchberg, 894 m; **05** Wegkreuz, 912 m; **06** Weggabelung, 934 m; **07** Rentschenhof, 929 m; **08** höchster Punkt, 958m; **09** Schilcherhof, 922 m; **10** Waldrand, 899 m; **11** Illachschlucht, 827 m; **12** Steg, 822 m; **13** Waldrand, 886 m; **14** Mühlegg, 926 m

Wildsteig.

Asphaltsträßchen zum **höchsten Punkt** 08 der Rundwanderung hinauf, von dem man auf dem Fahrweg nach Süden absteigt, bis man kurz vor dem Hinweg nach links abbiegt und zum **Schilcherhof** 09 weitergeht.

Auf dem aussichtsreichen Südhang wandern wir nach Osten dahin, gehen geradeaus über eine Feldwegkreuzung hinüber und zweigen am Ende des Feldwegs unmittelbar am **Waldrand** 10 an beschilderter Stelle nach links auf einen schmalen Pfad ab. Er führt ein wenig durch den Wald und in die **Illachschlucht** 11. Beim Fußgängersteg zweigen wir links ab und gehen durch die Schlucht, bis wir in einer der vielen Kehren des Wasserlaufs wieder zu einem **Steg** 12 kommen. Auf ihm über die Illach und gleich dahinter rechts haltend in Kehren relativ steil über einen Waldhang hinauf. Am **Waldrand** 13, neben dem Kreuz, gibt es wieder einen Rast-

platz, und dahinter geht es noch ein paar Meter über eine Wiese hinauf und zu einem Stadel, wo man auf ein Sträßchen stößt. Auf dieses links einbiegen und nach Norden weiter, dann in ausholendem Rechtsbogen nach Osten und zum aussichtsreichen **Mühlegg** 14 hinauf. Dort oben gibt es neben dem Kreuz und den Rastbänken auch eine Panoramatafel, wo zahlreiche Berggipfel des Estergebirges, der Ammergauer Alpen und bis ins Allgäu beschriftet sind. Der Abstieg vom Mühlegg bringt uns erst einmal am Waldrand nach Osten hinunter, dann drehen wir mit dem Weg rechts ab und gehen nach Westen bis zum Hinweg weiter. Dort links abbiegen, dann geradeaus bis zur Wohnsiedlung und auf der Schlossbergstraße links abdrehen. Sie fällt bis zur Staatsstraße 2059 ab. Bei der Bushaltestelle über die Staatsstraße und neben ihr zum **Ausgangspunkt** 01 zurück.

Blick vom Mühlegg zur Benediktenwand.

ROTTENBUCH • 881 m

Zur Stiftskirche Mariä Geburt

 11,3 km 3:30 h 370 hm 370 hm 179

START | Echelsbacher Brücke, 791 m
[GPS: Breite N 47.711074° Länge E 010.975014°]
CHARAKTER | Aussichtsreiche Rundwanderung mit beachtlichem Höhenunterschied.

▶ Von der Bushaltestelle und dem Parkplatz bei der **Echelsbacher Brücke** 01, die im Jahr 1929 auf abenteuerliche Weise erbaut worden ist, geht man über die Brücke, 70 Meter hoch über der Ammer, dahinter schräg links nach **Lettigenbichl** 02 hinauf und nach Osten wieder hinunter.
Beim ersten Feldweg links einbiegen und zum Rand des **Stockensiegelfilzes** 03 hinab. Dann zum Waldrand hinüber und auf einem Fahrweg zur Autostraße hinaus. Am Straßenrand rechts halten, bis zum unteren Ortsrand von **Schönberg** 04 und von der Bushaltestelle scharf links auf die Straße Am Südhang abbiegen oder auf dem Kiesweg zum **Schönberg** 04 hinauf. Geradeaus durch den Ort, etwa 100 m nach dem Ortsrand links halten und zu einem Querweg hinab. Auf ihm nach rechts, gegen Norden zu einem **Findling** 05 links des Weges und in Kehren durch den Wald ins Ammertal hinab.
Hinter einer freien Wiese die **Ammer** 06 queren, an der Klinik Ammermühle vorbei, zur Bushaltestelle und dort die Autostraße queren.
Dann geht man neben der Ammer weiter und verlässt den Flusslauf schräg nach links, um dem Weg-

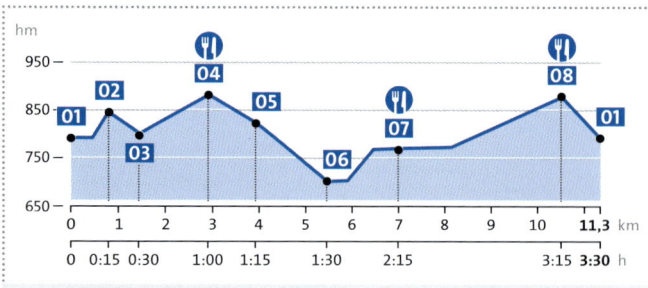

01 Echelsbacher Brücke, 791 m; 02 Lettigenbichl, 845 m; 03 Stockensiegelfilz, 799 m; 04 Schönberg, 881 m; 05 Findling, 820 m; 06 Ammerbrücke, 693 m; 07 Rottenbuch, 770 m; 08 Schönegg, 875 m

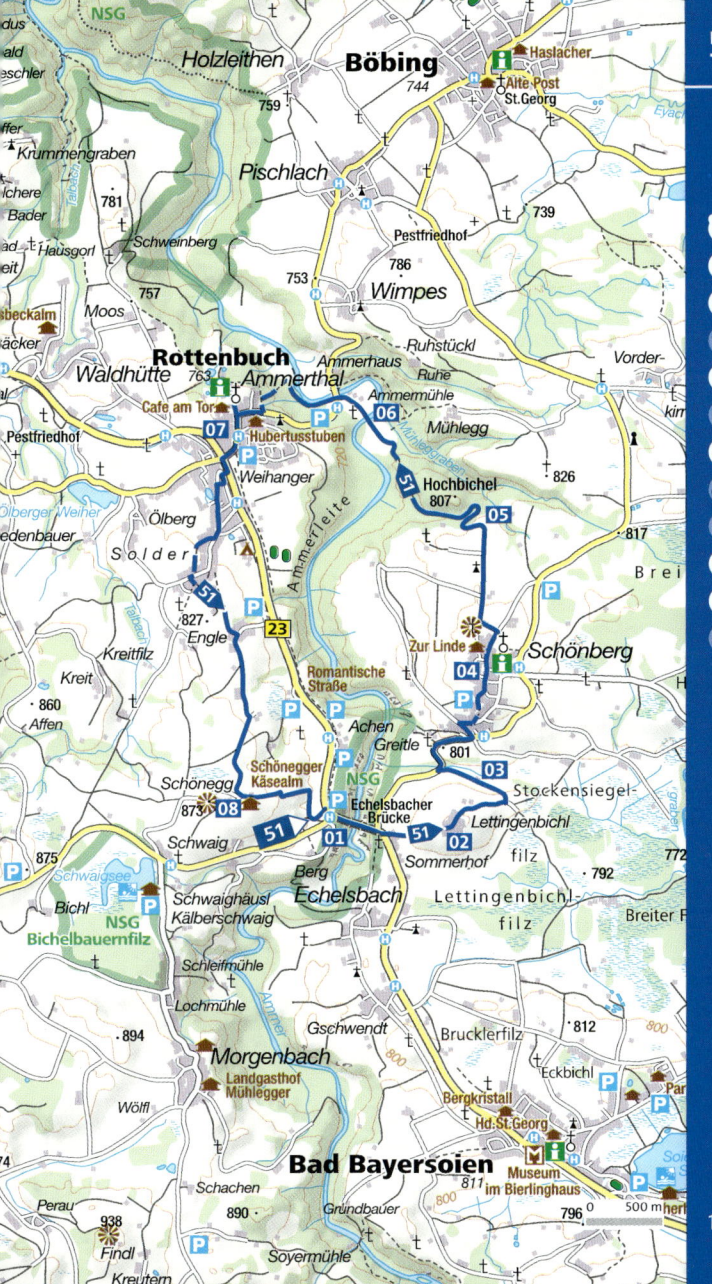

Die ehemalige Stiftskirche Mariä Geburt

Schon bald nach der Klostergründung im Jahr 1085 wurde eine romanische Basilika gebaut, die nach mehrmaligen Umbauten erst in den Jahren 1700 bis 1770 ihr heutiges Aussehen erhalten hat. Die gesamte architektonische Planung und Bauausführung lag in den Händen des berühmten Wessobrunner Stuckateurs Joseph Schmuzer und dessen Sohn Franz Xaver.

Während der Säkularisation im Jahr 1803 wurde das Augustiner-Chorherrenstift aufgelöst. Nach den Vorstellungen des Aufhebungskommissars sollte die Kirche abgerissen werden. So weit ist es gottlob nicht gekommen und die prächtige ehemalige Stiftskirche ist zur Rottenbucher Pfarrkirche geworden.

weiser zu folgen, der uns nach **Rottenbuch** 07 hinaufweist.

Nach der sehr lohnenden Besichtigung der ehemaligen Stiftskirche Mariä Geburt durch den Torbogen nach Süden zum Maierhof, dann den Wanderwegetafeln nach Südwesten folgen und nach Weihanger hinauf. Auf der Straße lange gering ansteigen und zur beschilderten Verzweigung, dort rechts, durch ein kurzes Waldstück und dann in mehrmaligem Auf und Ab mit freier Aussicht gegen Süden bis kurz vor **Schönegg** 08.

Bei der Verzweigung nach links zur Schönegger Käsealm und auf dem beschilderten Wiesenweg nach Osten bis zum **Ausgangspunkt** 01 hinab.

Abstieg von Schönegg, hinten das Kohlgruber Hörnle.

KROPFLEITENWEG • 816 m

Panoramatour unter der Kropfleite

  14,2 km 3:30 h  380 hm  380 hm 179

START | Bad Bayersoien, Wanderparkplatz beim Parkhotel, 796 m
[GPS: Breite N 47.69560° Länge E 011.00018°]
CHARAKTER | Leichte Wanderung ohne Schwierigkeiten.

Nordöstlich von Bad Bayersoien zieht sich ein langer, bewaldeter Höhenrücken von West nach Ost hin, und an seinem Fuß verläuft der gut beschilderte Kropfleitenweg. Im Sommer ist dieser Rundweg recht beliebt, im Winter findet man dort kaum Wanderer, doch kann man auf der 14,3 km lange Strecke bei geringer Schneehöhe auch in der kalten Jahreszeit gut wandern.

▶ Vom **Wanderparkplatz** 01 ein paar Meter dem Schleifmühlweg hinauf folgen und nach rechts abbiegen. Dann nach links auf der Kirmesauer Straße weiter, am **Friedhof** 02 vorbei (Parkmöglichkeit) und am Rande des Langen Fil-

zes nach Nordosten weiter. Dann schlängelt sich die Straße in geringem Gefälle nach Kirmesau 03 hinab. Dort quert man zuerst die Ach und schwenkt gleich hinter der Brücke links ab, um hinter dem letzten Hof zum Waldrand zu gehen. Unmittelbar vor dem Wald halten wir uns links, drehen gleich darauf mit der Forststraße rechts ab und gehen in den Wald hinein. In einem lichten Waldstück queren wir eine Loipe und wandern gegen Norden weiter. Schließlich fällt die Forststraße zur **Ach** 04 ab und führt durch das Wasser.
Doch keine Angst, neben der Straße gibt es für uns Fußgänger einen schmalen Steg, hinter dem

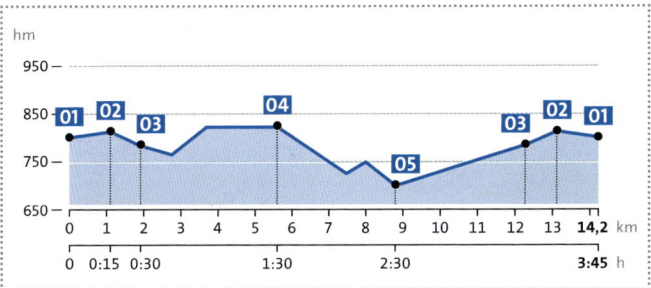

01 Bad Bayersoien, 802 m; 02 Friedhof, 810 m; 03 Kirmesau, 790 m;
04 Bannholz, 820 m; 05 Saliter, 698 m

Typische Landschaft am Kropfleitenweg.

die Route etwas ansteigt, aus dem Wald heraus und gegen Nordwesten weiterführt.

An beschilderter Stelle knickt der **Kropfleitenweg** `05` rechts ab. Er bringt uns nun über freie Wiesenhänge mit prächtigem Blick auf das Estergebirge, die Ammergauer Alpen und das Wettersteingebirge nach Osten weiter, an einem Brunnen vorbei und dann am Rande des Bannholzes unter der Kropfleite in mehrmaligem Auf und Ab dahin. Bei der Höhenmarke 796 Meter fällt der Fahrweg etwas ab und **verzweigt sich** `06`. Dort folgen wir dem Wegweiser nach rechts in ziemlich dichten Wald hinein und folgten einer groben Schlepperspur, halten uns bei der Verzweigung rechts und gehen weiter abwärts.

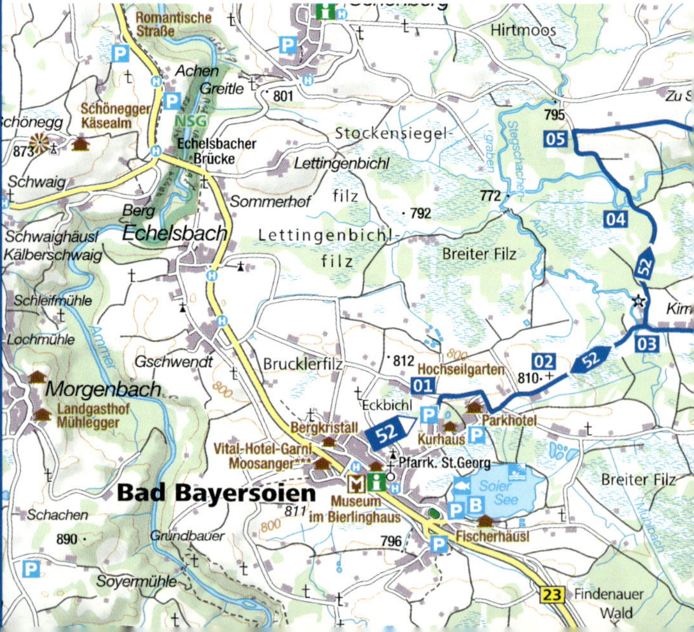

Nach kurzem Gegenanstieg stoßen wir mitten im Wald auf eine Wegverzweigung, dort schwenken wir rechts ab und gehen nun wieder auf guter Forststraße weiter. Beim folgenden Straßendreieck hält man sich wieder rechts und geht in den Fuchswald hinein. Anschließend biegen wir links ab und steigen weiter ab.

Hinter der etwas längeren Gefällstrecke bringt uns der Kropfleitenweg wieder in mehrmaligem Auf und Ab weiter, bis schließlich nach langer Waldetappe am Waldrand eine wenig befahrene Autostraße erreicht wird.

Dort schwenken wir rechts ab, gehen zur Achbrücke hinab und hinter ihr in den Weiler **Saliter 07** mit seinen stattlichen Höfen.

Der weitere Weg verläuft nun überwiegend ansteigend durch Wald und über freie Lichtungen gegen Westen, bis schließlich in

Brunnen am Kropfleitenweg.

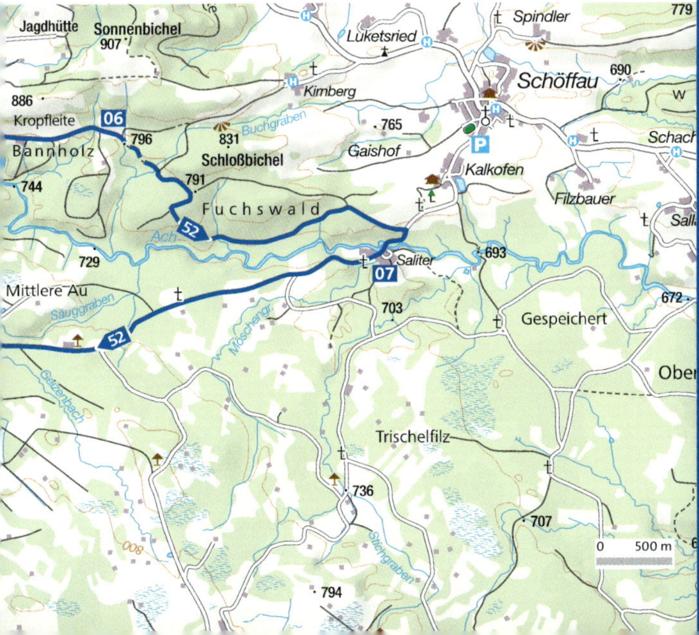

Kirmesau wieder der Hinweg erreicht wird, dem man zum **Ausgangspunkt 01** folgt.

SCHEIBUM UND SCHLEIERFÄLLE • 915 m

Durch die Ammerschlucht

 10,7 km 4:15 h 500 hm 500 hm 179

START | Kammerl, 793 m
[GPS: Breite N 47.661869° Länge E 010.988357°]
CHARAKTER | Die steilen Steige verlangen Trittsicherheit und auch eine gute Kondition.

Die relativ lange Waldwanderung wartet mit beachtlichen Höhenunterschieden und zwei besonderen Attraktionen auf: den Felsdurchbruch Scheibum und das Naturdenkmal Schleierfälle.

▶ Vom Parkplatz bei der Ammerbrücke in **Kammerl** 01 folgt man dem Wegweiser zum Ammerdurchbruch **Scheibum** 02 nach Norden in den Wald hinein. Schon nach einer knappen Viertelstunde erreicht man den Aussichtsplatz auf den Felsendurchbruch in der Ammerschlucht und geht auf dem gleichen Pfad wieder zum **Ausgangspunkt** 01 zurück.

Nun über die Ammerbrücke, am Kraftwerk Kammerl vorbei, nach Norden in den Wald hinein und zur Ammerleite hinauf. Der Zuweg zu den Schleierfällen ist gut beschildert und führt in mehrmaligem Auf und Ab nach Norden durch den Wald, zweigt an beschilderter Stelle rechts ab, stößt auf einen Fahrweg und auf nach links, bis der **Talabstieg** 03 erreicht wird. Auf ihm bis kurz vor die Ammerschlucht hinab, bei der Verzweigung rechts herum und zum eindrucksvollen Naturdenkmal. Das Betreten der **Schleierfälle** 04 ist wegen der sensiblen Vegetation und der Felssturzge-

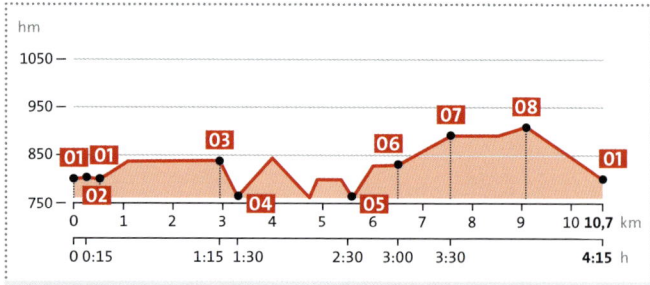

01 Kammerl, 793 m; 02 Scheibum, 796 m; 03 Talabstieg, 839 m;
04 Schleierfälle, 763 m; 05 Soyermühle, 756 m; 06 Ammer-Aussichtspunkt, 828 m; 07 Kreuz, 889 m; 08 höchster Punkt der Wanderung, 915 m

Die Schleierfälle

Auf den steilen Hängen der Ammerschlucht entspringt an der Grenze von kalkreichen Schottern und nicht durchlässigen Molasseschichten ein Quellbach und stürzt schleierartig über einen Überhang. Dabei scheidet er Kalk aus, der sich an Moosen, Blättern, Ästen und Schneckenschalen ablagert. Auf dem Kalktuff wachsen spezialisierte Moose und helfen bei der Kalkablagerung mit. So entsteht der Tuff als „Lebender Stein".

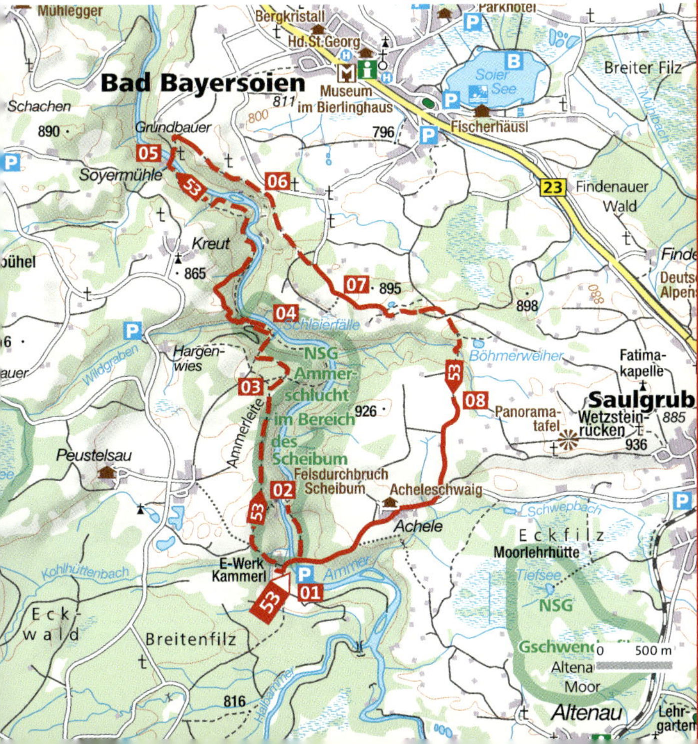

Schleierfälle.

Flügelblattmoos in der Ammerschlucht.

fahr verboten. Von den Schleierfällen auf demselben Weg bis zur Verzweigung zurück, dann rechts halten und wieder zur Ammer hinab. Man verlässt die Schlucht bald nach links, um in der Nähe des Wildgrabens auf Treppenanlagen kräftig anzusteigen.

In mehrmaligem Auf und Ab bringt uns der schmale Waldweg an mehreren Rastbänken vorbei und schließlich zu einem Fahrweg. Auf ihn rechts einbiegen und zur **Soyermühle** `05` hinunter. Direkt hinter der alten Mühle führt ein Fußgängersteg über die Ammer. Gleich dahinter halten wir uns links und bei der folgenden Verzweigung rechts.

Ein ziemlich mühsamer Pfad schwingt sich nun über den Steilhang bis zur Hangkante auf. Dort kommt man an den Rand freier Wiesen und hält sich rechts, um dem beschilderten Ammerrundweg 1 zu folgen. Er bringt uns am **Ammer-Aussichtspunkt** `06` vorbei, führt durch den Wald und über freie Wiesen, an einem frei stehenden **Kreuz** `07` vorbei und biegt mitten in einem Wiesen-

hang rechts ab. Dann geht es wieder in den Wald hinein, bei der Abzweigung zum Böhmerweiher geradeaus und auf eine freie, aussichtsreiche Wiesenkuppe, den **höchsten Punkt der Wanderung** `08`.

Hinter ihr fällt der Feldweg zur Achelestraße ab, auf der man nach rechts zum Gut und zum Wirtshaus Acheleschwaig und weiter zum **Ausgangspunkt** `01` zurückgeht.

Ein extrem seltener Pilz, der Gestielte Schwarzborstling, wächst in der Ammerschlucht.

TAFERTSHOFEN-RUNDWEG • 746 m

Von Uffing nach Schöffau

 14,5 km 3:15 h 270 hm 270 hm 7

START | Uffing, Rathaus, 666 m
[GPS: Breite N 47.714091° Länge E 011.151198°]
CHARAKTER | Einfache, abwechslungsreiche Rundwanderung mit eindrucksvollen Ausblicken auf die Berge der Ammergauer Alpen und des Estergebirges.

 Vom **Rathaus Uffing** 01 geht man zuerst auf der Hauptstraße nach Norden hinauf und biegt neben dem Heimatmuseum im alten Feuerwehrhaus beim Maibaum nach links auf die Hechenrainer Straße ein. Beim Alten Wirt geht es dann nach links in Richtung Forellenbach und Zotzenweg. Anschließend folgt man dem schönen Uferweg neben dem Bach nach Nordwesten bis zur **Vogelmühle** 02. Dort links auf einen Fahrweg einbiegen, auf der Brücke über den Bach und durch den Weiler Vogelmühle. Gleich darauf halten wir uns beim Stadel rechts,

gehen bis zu einem Steg am Waldrand entlang und queren einen schmalen Bach.
Unmittelbar hinter dem Steg nach rechts und neben den Mäandern der Ach zu einem Fahrweg. Dort links weiter, nach **Tafertshofen** 03 hinauf und in den Wald hinein. Im Wald geht man links des Antlasgrabens auf einem Kiesweg in der gleichen Richtung weiter, dreht mit dem Weg **links ab** 04, um ein paar Meter anzusteigen. Dann erreicht man eine Gabelung. Dort scharf nach rechts, noch ein Stück durch den Wald und anschließend auf freies Feld. Bald darauf trifft

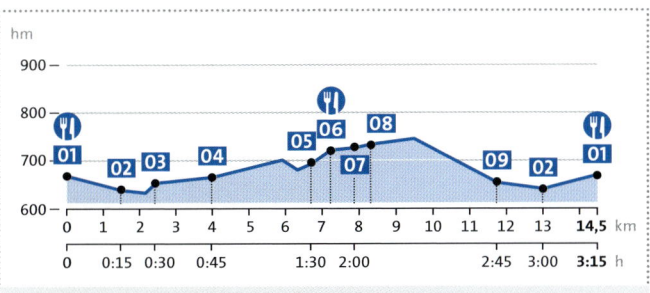

01 Rathaus Uffing, 666 m; 02 Vogelmühle, 638 m; 03 Tafertshofen, 653 m; 04 links ab, 661 m; 05 Autostraße, 693 m; 06 Schöffau, 719 m; 07 Wegkreuz, 720 m; 08 Spindlerhof, 733 m; 09 Asphaltstraße, 653 m

Ausblick vom Spindlerhof am Tafertshofen-Rundweg auf das Estergebirge.

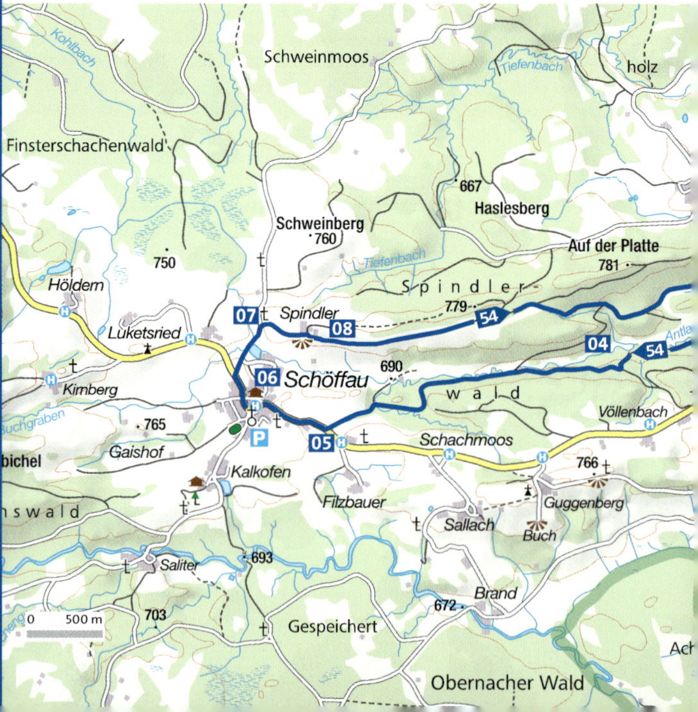

man auf eine wenig befahrene **Autostraße 05** und folgt ihr nach **Schöffau 06** hinein.

Hinter dem Gasthaus Lieberwirth rechts halten, aus dem Ort hinaus und nach rechts die erste Straße in Richtung Huglfing und Oberhausen abbiegen. Bei der folgenden Verzweigung neben einem **Wegkreuz 07** rechts weiter und zum **Spindlerhof 08** hinauf, wo sich ein Alpenblick zeigt, der seinesgleichen sucht.

Dann kommt man in den Spindlerwald hinein. In ihm geht es ein paar Mal geringfügig auf und ab, und schließlich trifft man am Längenberg auf eine **Asphaltstraße 09**.

Auf diese rechts einbiegen und zum Hinweg zurück, dem man bis zum **Ausgangspunkt 01** folgt.

Kiefern auf der Platte am Tafertshofen-Rundweg.

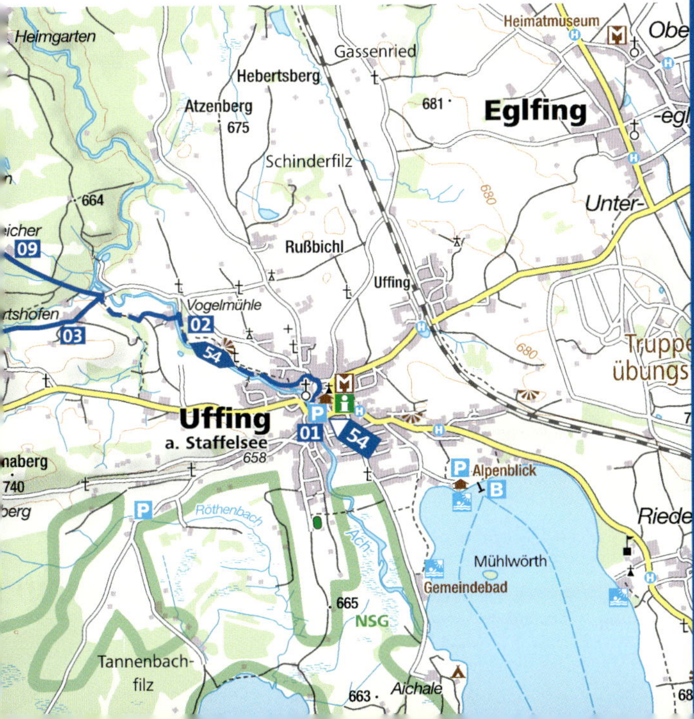

10,4 km 2:45 h 140 hm 140 hm 179

START | Spatzenhausen, Bushaltestelle oder Parkplatz, 666 m
[GPS: Breite N 47.722451° Länge E 011.199554°]
CHARAKTER | Gemütliche, nicht sehr lange Rundwanderung mit
ein paar Attraktionen. Die Höhendifferenz ist gering.

Im Jahre 1809 fand in der Nähe von Spatzenhausen die Graf-Arco-Schlacht zwischen Bayern und Tirol statt. Die Oberlandler Bauern verteidigten ihre Ortschaften und ihr Hab und Gut gegen die plündernden Truppen des Feindes. Diese wilden Zeiten sind vorbei, und heute ist diese Gegend ein beschauliches Terrain. Attraktionen sind außer dem Bauerncafé in Tauting der Freskenhof in Obereglfing und das Heimatmuseum.

▶ Neben dem Kriegerdenkmal und der **Bushaltestelle** 01 gibt es beim Rathaus mit dem Kinder-garten „Spatzennest" einen **Parkplatz**. Von ihm geht man an der Kirche vorbei und auf der Dorfstraße, bis nach rechts der Auweg abzweigt.

Auf ihm aus dem schönen Dorf Spatzenhausen nach Norden hinaus und über freies Feld bis zum **Findling** 02 kurz vor der Autostraße. Dort links abbiegen, die Straße unterqueren und wieder ein paar Meter zurück, bis nach links ein beschilderter Wanderweg einbiegt und kurz am Waldrand entlangführt. Anschließend durchquert er einen Waldgürtel, und führt neben der Straße zu

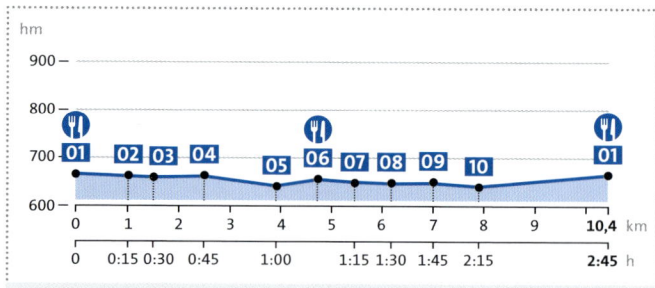

01 Spatzenhausen/Bushaltestelle, 666 m; 02 Findling, 663 m; 03 Feldweg, 662 m; 04 Rindengrotte, 664 m; 05 Feldkreuz, 640 m; 06 Tauting, 658 m; 07 Tauting-West, 650 m; 08 Krautacker und Lehrgarten, 648 m; 09 Obereglfing, 650 m; 10 Bachstraße, 640 m

Pfarrhaus und Kirche von Obereglfing am Hungerbach-Rundweg.

Naturerlebnis-Spielplatz in Obereglfing am Hungerbach-Rundweg.

einem **Feldweg** `03`. Dort rechts einbiegen, und neben der Stromleitung, die die Münchner S-Bahn mit Strom aus dem Walchenseekraftwerk versorgt, weiter.

An beschilderter Stelle kann man einen Abstecher von rund 300 m nach links zur **Rindengrotte** `04` einlegen. In einer kleinen Kapelle findet sich dort eine aus Rindenholz gefertigte Lourdeskapelle.

Der Hungerbach-Rundweg führt nach Norden weiter, quert eine

Nach stärkeren Regenfällen ist der Wanderweg in das Feuchtbiotop am Hungerbach bei Untereglfing integriert.

schmale Asphaltstraße und verläuft am Waldrand bis zum Ende einer Lichtung. Dann in den Wald hinein, aber schon bald wieder auf freies Feld, wo man direkt auf den Kirchturm von Tauting zugeht. Vorher kommt man noch an einem schönen, hölzernen **Feldkreuz** `05` vorbei.

In **Tauting** `06` biegen wir nach links auf die Hardtstraße ein und erreichen am Ortsrand das Bauerncafé, das zu angenehmer Einkehr lädt. Auf der Huglfinger Straße geht man aus dem Ort hinaus und biegt beim Hof neben der Bushaltestelle **Tauting-West** `07` links ab. Nun über freies Feld nach Osten, bis man kurz vor Obereglfing rechts abbiegt. Dort kommt man an einem interessanten **Krautacker und Lehrgarten** `08` und einem Naturerlebnis-Spielplatz vorbei und anschließend zur Hauptstraße, auf die man links einbiegt.

Der Weg führt durch **Obereglfing** `09`, an der Martinskirche vorbei und zweigt unmittelbar vor dem Rathaus, gegenüber des Dorfbrunnens, rechts ab. Er bringt uns gering abfallend am Kinderspielplatz vorbei und zu einem Weiher mit einem Feuchtbiotop. Wenn es sehr viel geregnet hat, ist der folgende Pfad in dieses Biotop integriert, und man zieht besser die Schuhe aus, um barfuß weiterzugehen, bis man in Untereglfing wieder eine Straße erreicht. Dort schräg links weiter und der Länge nach durch den Ort. In die **Bachstraße** `10` links einbiegen und zum Hungerbach hinunter. Am renaturierten Hungerbach rechts abbiegen und neben ihm in weit ausholendem Linksbogen durch das weite Tal bis zum Ausgangspunkt in **Spatzenhausen** `01` zurück.

MURNAUER MOOS • 705 m

Auf dem Moosrundweg

  17,2 km  4:45 h  340 hm 340 hm 7

START | Murnau, Bahnhof, 692 m
[GPS: Breite N 47.682464° Länge E 011.193092°]
CHARAKTER | Leichte, aber lange Rundwanderung mit geringem Höhenunterschied.

Auf der beschaulichen Rundwanderung gibt es fast durchgängig schöne Ausblicke auf das Estergebirge, das Wettersteingebirge und Teile der Ammergauer Alpen.

▶ Vom **Bahnhof Murnau** 01 gehen wir neben dem Bahngleis auf einem Fußweg nach Süden, unterqueren die Bahnstrecke und folgen nur kurz der Promenade, die zum Staffelsee abfällt. Bei der ersten Verzweigung geht es links weiter, und dann immer dem Wegweiser zum Münterhaus folgend durch den **Kurpark** 02 und schließlich auf die **Kottmüller Allee** 03. Die Eichenallee aus den 1870er Jahren führt über eine weite Wiese, in ein Wäldchen, fällt an ihrem linken Rand deutlich ab, führt an einem **Aussichtsplatz** 04 vorbei und zum **Ramsachkircherl** 05. Die kleine Kirche ist vermutlich das älteste Gotteshaus in Oberbayern.

Beim Parkplatz neben der Kirche halten wir uns links, biegen rechts ab, um die Ramsach zu queren und gehen auf einem Fahrweg sehr lange nach Südwesten bretteben dahin, bis in der Langen Lüsse nach rechts ein Weg zu ei-

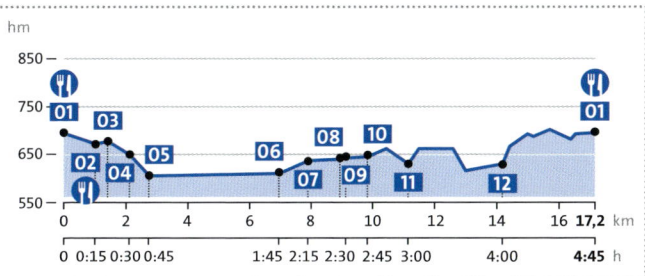

01 Murnau, Bahnhof, 692 m; 02 Kurpark, 672 m; 03 Kottmüller Allee, 679 m; 04 Aussichtsplatz, 650 m; 05 Ramsachkircherl, 607 m; 06 Brücke, 612 m; 07 Bohlenweg, 634 m; 08 Unterstandshütte, 636 m; 09 Moosgehöft, 639 m; 10 Westried, 648 m; 11 Wanderweg, 630 m; 12 Drachenstich-Rundweg, 630 m

ner **Brücke** `06` führt und gleich dahinter links abzweigt. Er steigt durch den Wald mit dem Namen Garhölle an und verzweigt sich. Dort wählen wir den mittleren Wegast und biegen gleich darauf, dem Wegweiser folgend, links ab. Nun kommen wir in die Lange Filze, einem schönen Spirkenwald. Dort treffen wir auf einen **Bohlenweg** `07`, der uns nasse Füße erspart und der Länge nach durch den Naturschutzbereich führt. Da-

bei kommen wir an einem schönen Rastplatz mit **Unterstandshütte** `08` vorbei und schließlich in den Gemeindelaich. Der Weg dreht rechts ab und beim **Moosgehöft** `09` wieder links, um nach Westried anzusteigen.

In **Westried** `10` biegen wir nach rechts auf die Graf-Alban-Straße ein und folgen der Wegbeschilderung. Sie führt im Wesentlichen nach Osten dahin, durch Moosrain, ein längeres Stück entlang

Das Murnauer Moos

In den letzten Eiszeiten schürfte der Loisachgletscher aus den harten Gesteinen eine riesige trichterförmige Mulde, die eine Tiefe von über 200 m erreichte. Beim Abschmelzen des Eises entstand dort ein großer Schmelzwassersee, der mit Gesteinsschutt gefüllt wurde und im Lauf der Jahrtausende verlandete. Darauf bildete sich eine Moorschicht, das heutige, insgesamt 4000 ha große Murnauer Moos. Seit 1980 stehen davon 2355 ha unter Naturschutz. Durch Drainagegräben wurde früher das Moor zum Teil trockengelegt. Derzeit wird versucht, es wieder zu vernässen.

Auf der Kottmüller-Allee in Murnau.

der Bahnstrecke und verlässt diese in einem Rechtsbogen, um im weiteren Verlauf durch die Siedlung Buchholz zu führen.

Hinter dem Siedlungsbereich, etwa 300 m vor dem Ramsachkircherl, zweigt nach links ein **Wanderweg** 11 ab. Er führt über einen Wiesenhang zum **Drachenstich-Rundweg** 12. Auf ihn biegen wir links ein, gehen an einer natürlichen Arena vorbei, in der in den Jahren 1909 und 1910 das Schauspiel „Der Drachenstich" aufgeführt worden ist.

Dahinter steigt ein Treppenweg in Kehren über einen steilen Waldhang an, führt an glatten Felsen vorbei und verzweigt sich an der oberen Hangkante. Dort geht es nach rechts weiter.

Dann biegen wir links ab, folgen der Ramsachleite, queren das Bahngleis und gehen auf der Pessenbacher Straße zur Kohlgruber Straße hinaus. An ihrem Rand rechts nach Murnau hinein und den Wegweisern zum Bahnhof folgend bis zum **Ausgangspunkt** 01 zurück.

Bohlenweg im Langen Filz Murnauer Moos.

STAFFELSEE • 692 m

Der Staffelsee-Rundweg

 21,5 km 5:00 h 200 hm 200 hm 7

START | Murnau, Bahnhof, 692 m
[GPS: Breite N 47.682323° Länge E 011.193142°]
CHARAKTER | Landschaftlich prächtige, aber weite Rundtour.
Mit dem Radl 1:45 Std., zu Fuß 5 Std.

▶ Vom Bahnhof in **Murnau** 01 geht man erst einmal kurz nach Süden. Neben dem Bahngleis findet sich auch schon der erste Wegweiser zum Staffelsee. Von dort führt eine Promenade durch die Fußgängerunterführung unter dem Bahngleis durch und gegen Westen, am Minigolfplatz vorbei zum Parkplatz unmittelbar vor dem östlichsten Uferstreifen in der **Murnauer Bucht** 02. Dort zweigt man rechts ab und geht auf der Seestraße nach Nordwesten am Strandbad entlang.
Wie alle Abzweigungen ist auch die nach links zum Burgweg gut beschildert. Bald darauf muss man

wieder rechts gehen, und der schöne Weg führt neben dem Ufer nach Riedhausen hinein. Bei den Bootshäusern geht es auf einer Brücke über einen Seearm und bald darauf nach links zum Bootsverleih. Gleich dahinter muss man ein paar Meter aufwärts und zu einem schönen Aussichtspunkt hinauf.
Man kommt im weiteren Verlauf um das **Strandbad Seehausen** 03 herum, und am Roßpoint biegt der Seerundweg rechts ab. Er entfernt sich vom Ufer und führt am Äußeren Seefeld über eine freie, aussichtsreiche **Wiesenkuppe** 04 gegen Norden auf das hübsche

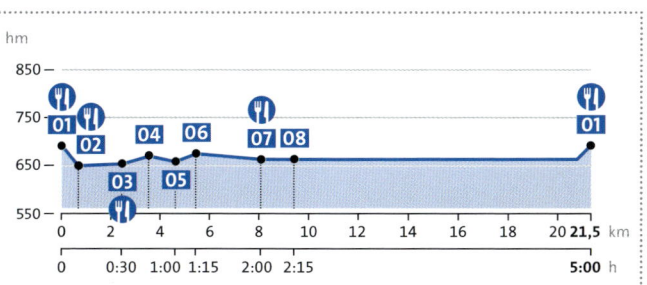

01 Murnau, 692 m; 02 Murnauer Bucht, 650 m; 03 Strandbad Seehausen, 654 m; 04 Wiesenkuppe, 670 m; 05 Schloss Rieden, 658 m; 06 Bahnunterführung, 674 m; 07 Wirtshaus Alpenblick, 662 m; 08 Sportplatz, 662 m

Schloss Rieden `05` zu. Direkt beim Schloss quert man die Staatsstraße 2372 nach rechts, geht kurz durch das Bauerndorf Rieden, in dem die Route erst links, hinter dem Ortsende rechts abzweigt und zur **Bahnunterführung** `06` führt. Dahinter links abzweigen und auf einem Feldweg gegen Nordwesten gering abfallend neben dem Bahndamm dahin.

Am Waldrand geht es ein wenig auf und ab und dann auf freiem Feld zum Bahnübergang. Bei ihm links halten und durch den östlichsten Siedlungsbereich von Uffing bis zur Hauptstraße. Auf ihr kurz nach rechts und am Rastplatz links zur Seehauser Straße abzweigen. Nach rund 100 Metern wieder rechts halten und auf einem schönen Wanderweg gegen Süden hinunter. Kurz rechts abknicken, um in schattigem Wald auf einem Rücken zum **Wirtshaus Alpenblick** `07` abzusteigen.

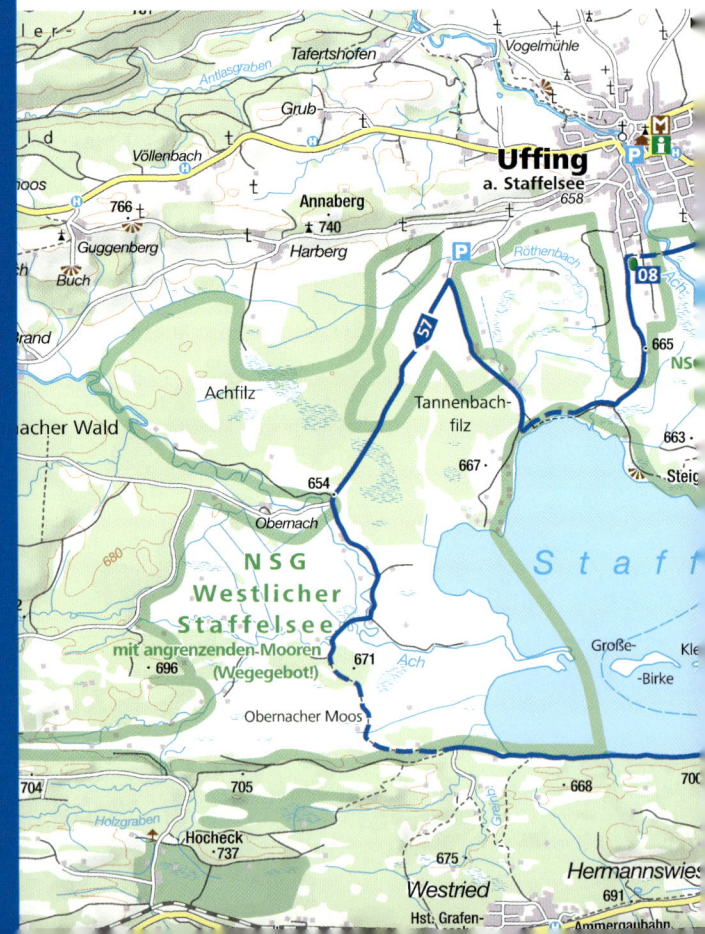

Nach der Einkehr im Biergarten auf der Kirchhofstraße gegen Nordwesten und schon bald links abbiegend zum See hinüber und nach Süden weiter.

Bei der ersten Abzweigung kann man geradeaus zum Campingplatz Achele weitergehen und dann um den Steigenberg herum und neben dem Bad zu einer Einmündung. Hält man sich bei der obigen Abzweigung rechts, folgt man einer Birkenallee zur

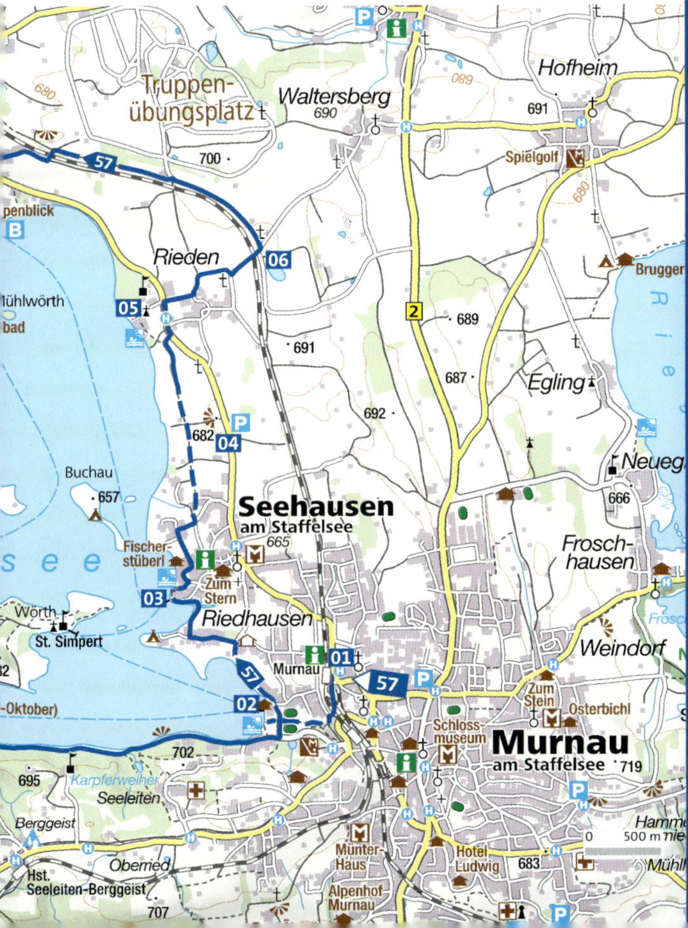

Straße, geht auf ihr kurz nach Norden und ab der Wegtafel wieder gegen Westen über die Ach und zum **Sportplatz** 08. Hinter der Sportanlage geht es nach Süden weiter, bis sich der Weg nach längerer Strecke verzweigt. Dort rechts, Richtung Obernach und Tannenbach abbiegen. Am Waldrand knickt die Route rechts ab, führt einen Wassergraben entlang und in den Wald hinein. An den Verzweigungen geradeaus weiter und auf einem Asphaltsträßchen noch ein Stück im Wald, dann auf freiem Feld gegen Norden.

Südlich von Uffing scharf links abbiegen und dem Wegweiser Kohlgrub und Obernach folgen. Man kommt wieder in den Wald hinein und geht im Tannenbachfilz links neben der Autostrecke am kombinierten Fuß und Radweg geradeaus zur Routenverzweigung östlich von Obernach. Dort links auf dem Fußweg, kurz durch einen Waldgürtel und dann durch Moorwiesen nach Süden durch das Obernacher Moos.

Am Waldrand schwenkt die Route links ab und verläuft auf dem Seewaldweg nun kilometerweit am südlichen Seeufer entlang gegen Osten, bis sich schließlich am östlichsten Ufer der Kreis wieder schließt.

Am Zuweg geht man schließlich wieder zum **Murnauer Bahnhof** 01 hinauf.

Wegkreuz bei Seehausen am Staffelsee.

Boote in Riedhausen am Staffelsee.

AIDLINGER HÖHE • 791 m

Der Höhlmühle-Rundweg

 6,8 km 2:00 h 230 hm 230 hm 179

START | Höhlmühle, 681 m
[GPS: Breite N 47.711952° Länge E 011.284174°]
CHARAKTER | Einfache, aber aussichtsreiche Voralpenwanderung.

Zwischen dem Forsthaus Höhlmühle und dem Dorf Aidling erstreckt sich ein Waldrücken mit ein paar Höhepunkten, die die 800-m-Marke knapp erreichen. Man kann über diese hinübergehen, muss sich aber teilweise mit weglosem, dichtem Waldgelände herumschlagen. Da ist es schon viel lohnender, etwas weiter unten zu bleiben und auf guten Wegen zum Aussichtspunkt Aidlinger Höhe zu spazieren.

Die einfache und relativ kurze Genusswanderung bietet einen Alpenblick, so schön, wie man ihn selten findet. Über drei Seen schweift das Panorama auf die großartige Alpenwelt zwischen Karwendel- und Wettersteingebirge.

Idylle auf dem Höhlmühle-Rundweg bei der Aidlinger Höhe.

01 Höhlmühle, 704 m; **02** Aidlinger Höhe, 788 m

▶ Vom Wirtshaus- und Wanderparkplatz bei der **Höhlmühle** 01 wandern wir erst einmal auf schmaler Straße nach Südwesten und schwenken bei der Gabelung rechts ab. Sogleich geht es über einen Bachgraben, bei der nächsten Verzweigung rechts herum und auf einem Fahrweg anfangs gegen Westen, dann nach Nordwesten zum Höhenberg hinauf. In der Steigungsstrecke gabelt sich die Fahrspur. Dort gehen wir rechts weiter bis zur nächsten Abzweigung. Nun müssen wir scharf links herum, durch einen Bachgraben und gegen Westen allmählich aus dem Wald heraus. Bei der Verzweigung unter der Hohen Lüß gehen wir schräg rechts weiter und es öffnet sich ein großartiges Alpenpanorama, das uns bis Aidling erhalten bleibt.

Kurz vor Aidling zweigt scharf nach rechts ein Fahrweg ab und steigt bis zur Scheitelstrecke des Rückens an. Kurz vor der höchsten Stelle gehen wir nach links, an einem Stadel links vorbei und nach Westen bis zum Wegkreuz und zum Aussichtsplatz auf der **Aidlinger Höhe** 02.

Bis zu dem Stadel auf der Scheitelstrecke gehen wir auf dem gleichen Weg wieder zurück. Beim Stadel schräg links weiter und den Höhenrücken, der Beschilderung des Höhlmühle-Rundwegs folgend, nach links in den Wald hinab. Schon bald zweigt nach links ein Rückeweg ab, der sich zu einer Forststraße weitet.

Bei der Kreuzung geht es dann rechts herum, und wer mag, kann an beschilderter Stelle einen kurzen Abstecher zur kleinen Lourdes-Grotte machen, die im Jahr 1913 von Theres Kölbl errichtet worden ist. Anschließend folgen wir der langen Forststraße gegen Osten im Wesentlichen abwärts, bis schließlich eine Asphaltstraße erreicht ist. An ihrem Rand geht es die letzten 800 m nach Süden durch den Wald bis zum **Ausgangspunkt** 01 zurück.

Im Frühling ist es auf der Aidlinger Höhe besonders schön.

Blick von der Aidlinger Höhe über Aidling und den Riegsee ins Wettersteingebirge, zu Ettaler Manndl und Laber und zum Hinteren Hörnle.

RIEGSEE • 685 m

Seerundweg mit Alpenblick

 10,1 km 3:00 h 100 hm 100 hm 7

START | Campingplatz in Riegsee, 660 m
[GPS: Breite N 47.70037° Länge E 011.22945°]
CHARAKTER | Leichte Rundwanderung um den idyllisch gelegenen Riegsee.

Der Riegsee ist eine Ausnahmeerscheinung. Als einer der wenigen Seen in unserem Alpenvorland ist sein Ufer nahezu rundum frei zugänglich. Wanderer haben diesen idyllischen See längst für sich entdeckt und kommen auch in der kalten Jahreszeit gerne zu dieser beliebten Rundwanderung. Dieses landschaftliche Juwel liegt inmitten einer prächtigen, bäuerlich geprägten Voralpenlandschaft, die zu allen Jahreszeiten ihre besonderen Reize hat. Bei reiner Luft sieht es so aus, als würde gleich hinter dem Südufer des Riegsees die mächtige Alpenkette aufsteigen, die sich zwischen Ammergauer Alpen, Wetterstein und Estergebirge hinzieht und die mit Schnee bedeckten Berge in strahlender Wintersonne brillieren lässt.

Da der Tourismus immer wichtiger wird und jedes Marketingkind einen Namen braucht, wird der Voralpenbereich rund um den Staffelsee seit ein paar Jahren „Blaues Land" genannt. Die vorherrschenden Farben dieser Landschaft sind in der Tat weiß und blau, wie sich das angesichts unserer Landesfarben auch gehört. Die Künstlervereinigung „Blaue Reiter", dessen Mitbegründer Franz Marc eine Zeit lang in Sindelsdorf lebte, hat

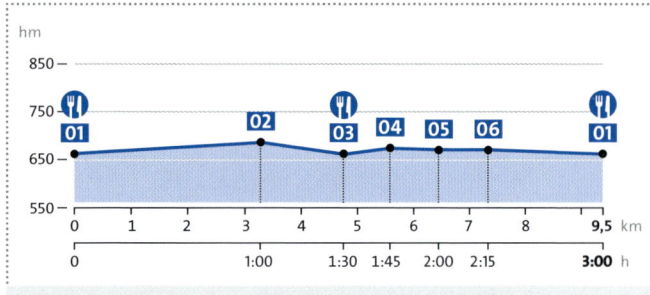

01 Parkplatz Riegsee, 660 m; 02 Unterführung, 685 m; 03 Camping- und Spielplatz, 665 m; 04 Egling, 674 m; 05 Poschinger-Schloss, 677 m; 06 Leonhardikirche, 669 m

wohl auch bei der Namensgebung Pate gestanden.

Genau genommen ist es egal, wo man die Wanderung beginnt, denn bei einer Rundtour kommt man mit Sicherheit zum Ausgangspunkt zurück, wo auch immer dieser liegen mag. Für Autofahrer allerdings eignet sich das Dorf Riegsee am östlichen Seeufer für den Start gut, weil man dort beim Campingplatz am einfachsten einen Parkplatz erwischt.

▶ Von diesem **Parkplatz** 01 wandert man auf einem Sträßchen gegen Nordwesten durch den Campingplatz und hinter einer Rechtskurve am Waldrand weiter. Der Fahrweg schnürt sich zu einem guten Wanderweg zusammen, führt am Seeufer entlang und endet hinter dem sommerlichen Badeplatz. Von dort nach rechts zu einem Fahrweg hinaufgehen und diesem nach links bis zur Autostraße folgen. Neben ihr auf einem breiten Fuß- und Radweg am malerischen Nordufer entlang, das großartige Ausblicke über den See auf die winterliche Bergwelt gewährt. Neben der Autostraße geht es gegen Westen bis zu einem breiten Weg weiter, der später die **Staatsstraße 2038** 02 unterquert und in einem Linksschwenk bis kurz vor diese Straße führt. Dort rechts nach Hofheim abbiegen. Im Ort zweigt nach links ein Sträßchen ab, das unter der Staatsstraße durch und auf freies Feld führt. Auf ihm geht man nach Südosten dahin, bis es endet. Dort rechts halten und über dem Steilufer gegen Süden weiter. Hinter einem Rastplatz rechts abzweigen, am Weidezaun entlang etwas aufsteigen und zu einem

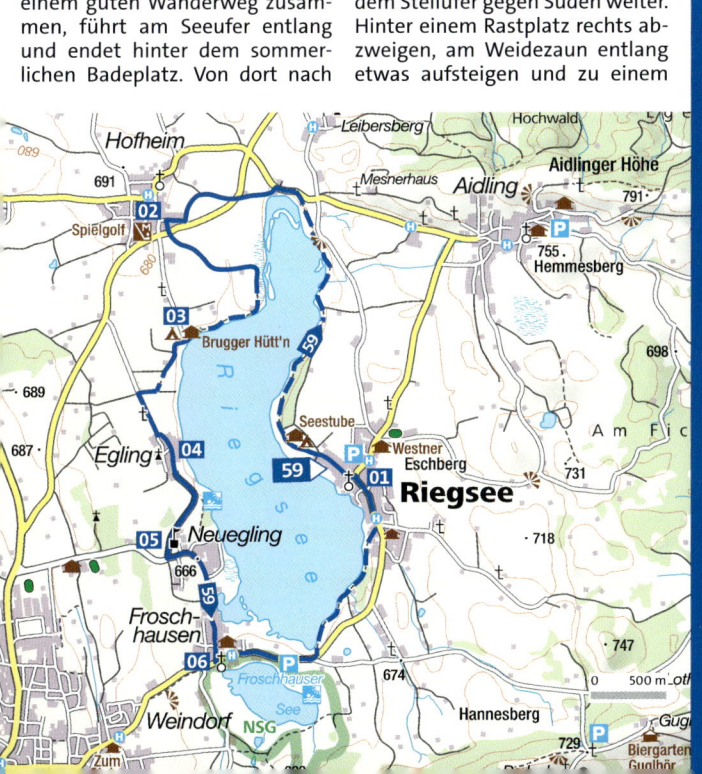

Feldweg. Diesem nach links folgen und zu einer schmalen Fahrstraße, die zum Campingplatz mit Spielplatz am **Seeufer** 03 abfällt.

Der weitere Weg weist aus dem Freizeitgelände heraus, dreht rechts ab und erreicht einen asphaltierten Fahrweg. Auf ihm nach links haltend in das verträumte, idyllische Bauerndorf **Egling** 04. In der Ortschaft beschreibt die Route einem Linksknick und stößt auf einem Fahrweg zum **Poschinger-Schloss** 05 am nördlichen Ende von Neuegling. Bei der Straßenverzweigung hält man sich links, um in weitem Rechtsbogen durch Neuegling und nach Froschhausen zu gehen. Neben der **Leonhardkirche** 06 kommt man zur etwas stärker befahrenen Riegseer Straße. Doch gibt es neben ihr einen sicheren Fuß- und Radweg, dem man zwischen Riegsee und Froschhauser See etwa 10 Minu-

Nach Höhlmühle

Sollte jemand mit dieser Wanderung nicht ausgelastet sein, kann er vom Südzipfel des Riegsees noch einen ausgedehnten Ausflug zum beliebten Ausflugswirtshaus Höhlmühle unternehmen, das sich allerdings wesentlich einfacher mit dem Auto erreichen lässt.

ten lang nach Osten folgt. Bei der folgenden Straßengabelung verlässt man die Autostraße nach links und geht auf gutem, aber schmalem Weg weiter, der wieder zum See hinaus und im Siedlungsbereich zwischen Hausgärten nach Riegsee zurückführt. Die Dorfstraße bringt den Wanderer gegen Nordwesten durch den Ort und zum **Campingplatz** 01 zurück.

Blick über den Riegsee zu Estergebirge und Wetterstein.

GUGLHÖR-RUNDWEG • 747 m

An der Loisach

  9,0 km  2:30 h  210 hm 210 hm 6

START | Loisachbrücke bei Murnau-Hagen, 610 m
[GPS: Breite N 47.66738° Länge E 011.22910°]
CHARAKTER | Gemütliche, einfache Wanderung am Alpenrand.

Das Gasthaus Guglhör.

Diese beschauliche Rundwanderung ist etwas für Genießer, die sich keinen Stress mit aufregenden Routenabschnitten antun wollen. Sie lässt sich in zwei grundverschiedene Abschnitte einteilen. Erst einmal spaziert man lange am Rande des ausgedehnten Hagner Mooses durch eine naturnahe Auenlandschaft, und nach gemächlichem Waldanstieg geht es auf sehr einfacher Route mit schönem Alpenblick wieder zum Ausgangspunkt zurück.

▶ Von der Mühlhagener Loisachbrücke 01 führt die Route erst einmal neben der Autostraße über Loisach und Ramsach und bei der Bushaltestelle rechts abbiegend nach Mühlhagen hinein. Schon

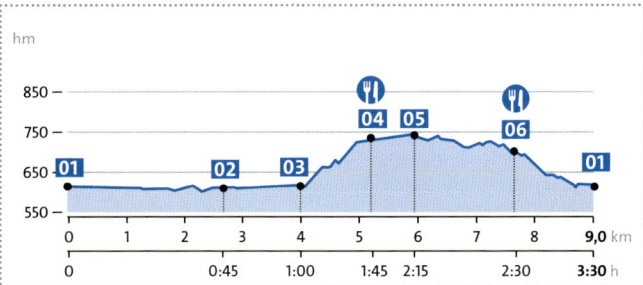

01 Loisachbrücke, 610 m; **02** Hagner Moos, 607 m; **03** Moosbach, 609 m;
04 Gasthaus Guglhör, 738 m; **05** Aussichtspunkt, 747 m; **06** Hagen, 713 m

Blick über die Loisach zum Ettaler Mandl und zum Laber.

bei der ersten Abzweigung rechts weiter, an der alten Mühle vorbei und neben der Ramsach nach Osten aus dem Ort hinaus. Der beschauliche Spazierweg ist auch im Winter meistens eingetreten und gut zu begehen. Er verläuft neben dem Bach bis zum Zusammenfluss von Ramsach und Loisach und führt, jeder Flusswindung folgend, neben dem Hagner Moos 02 im Wesentlichen in der gleichen Richtung eben dahin.

Schließlich schwenkt er ein wenig nach Nordosten und quert den Moosbach 03. Anschließend auf einem Hohlweg im Wald auf den Hellerberg hinauf und im weiteren Verlauf weitet sich der schmale Pfad zu einer Schlepperspur, die in Kehren durch den Wald ansteigt, bis sie auf eine Querstraße stößt. Dort geradeaus auf schmalem Steig geradewegs durch den Wald hinauf und zu einer Forststraße. Auf diese links einbiegen, gegen Westen aus dem Wald heraus und bis fast zur Wirtschaft Guglhör 04. Auf dem Fahrweg in der gleichen Richtung weiter, beim Wegkreuz und der Ver-

Das Hagenkircherl.

Auch zum Fahrradfahren geeignet

Diese schöne Tour ließe sich auch mit einem Fahrrad bewältigen, wenn man bereit ist, beim lehmigen Aufstieg vom Moosbach bis zur Guglhörhöhe den Drahtesel zu schieben.

zweigung schräg nach rechts über einen Wiesenhang zu einem prächtigen Aussichtspunkt **05**. Oberhalb des Bauerndorfes Perlach über freies Feld weiter und nach Hagen **06** hinunter. In Hagen links zum Kirchplatz abbiegen, an der Kirche vorbei und hinter dem Wirtshaus Heimgarten nach rechts auf die Mühlhagener Straße. Diese führt zum Hinweg hinab, dem man bis zum Ausgangspunkt **01** folgt.

Ausblick vom Spindlerhof am Tafertshofen-Rundweg auf das Estergebirge.

ALLES AUSSER WANDERN

Tradition und Brauchtum

Maibaumfeiern, Fischerstechen, Fischerhochzeit, Stephani-Ritt in Tutzing, Trachten- und Schützen-Umzüge, Seefeste mit Feuerwerk und Christkindlmärkte gehören zum reichhaltigen kulturellen Programm des Fünfseenlandes. Auf dem Heiligen Berg in Andechs gibt es zur Weihnachtszeit sogar eine „Lebende Krippe".

Kultur

Hauptattraktionen im Pfaffenwinkel sind die prächtigen Rokokokirchen, allen voran die Wieskirche, die ihre besondere Geschichte hat. Aus Teilen alter Holzfiguren fertigten zwei Mönche für die Karfreitagsprozession 1730 eine Darstellung des gegeißelten Heilands. Damit sie etwas dramatischer wirkte, wurde die Gestalt mit Blut und Wunden bedeckt, was ihr ein durchaus abschreckendes Aussehen gab. Deshalb erregte sie das Mitleid der Bevölkerung und wurde auf dem Dachboden des Steingadener Klosterwirts beiseite gestellt. Bald darauf war sie vergessen. Acht Jahre später holte die Bäuerin Maria Lory die Figur in den Wieshof, wo sie diese in ihrem tiefen Glauben verehrte. Daraufhin zeigen sich im Gesicht der Christusfigur Tränen, was zu dieser Zeit Anlass für eine große Wallfahrtsbewegung war. Eine kleine Feldkapelle aus dem Jahr 1740 und das hölzerne Langhaus sind schon bald zu klein geworden und deshalb wurde die Wieskirche erbaut, die am 1. September 1754 geweiht worden ist. Die Kunst des Rokoko ist in der Wies zur Vollendung gekommen. Dominikus und Jakob Zimmermann aus Wessobrunn haben das einmalige Werk geschaffen.

Im Museum Starnberger See, das im Jahr 1914 als „Würmgaumuseum" gegründet worden ist und zwischen 1985 und 2007 als „Heimatmuseum Stadt Starnberg" bekannt war, beschäftigt sich eine ständige Ausstellung mit der ländlichen Lebens-

Buchheim-Museum in Bernried.

206

Die Wieskirche.

und Arbeitswelt und der höfischen Schifffahrt der Wittelsbacher auf dem Starnberger See.

In Herrsching finden wir einen Archäologischen Park, in Dießen das Carl-Orff-Museum und das Fritz-Winter-Atelier.

Glanzlicht in der Museumslandschaft ist das direkt am See gelegene Buchheim-Museum, in dem auf mehreren Ebenen die vielseitigen Sammlungen Lothar-Günther Buchheims gezeigt werden. Dazu gehören Meisterwerke deutscher Expressionisten, besonders aber Maler der Künstlergemeinschaft „Brücke".

Im ehemaligen königlichen Bahnhof Possenhofen ist das Kaiserin-Elisabeth-Museum untergebracht, in dem ein Teil dem Andenken an König Ludwig II. und der Geschichte des Bahnhofs gewidmet ist, während sich der andere Bereich im prunkvoll ausgeschmückten Wartesaal König Ludwig II. Erinnerungsstücken der Kaiserin und dokumentierenden Bildern des Kaiserpaares widmet.

Zentrum des Kunsthandwerks ist Dießen am Ammersee, in dem es seit 1927 einen Pavillon des Dießener Kunsthandwerks gibt. In einer ständigen Ausstellung werden Arbeiten aus Holz, Glas, Keramik, Eisen, Gold, Silber, Papier und Textil gezeigt.

Zwischen Christi Himmelfahrt und dem darauffolgenden Sonntag finden jährlich der Dießener Töpfermarkt und an Mara Himmelfahrt am 15. August der Dießener Kunsthandwerkermarkt statt. Im Dießener Keramikmuseum wird ein Querschnitt der Dießener Keramikgeschichte gezeigt, vom 11. Jahrhundert bis zur Gegenwart.

Die wichtigste Sehenswürdigkeit Dießens ist das Marienmünster, das vom Barockbaumeister Johann Michael Fischer errichtet wurde und

Kloster Andechs.

bis zur Säkularisation im Jahr 1803 Mittelpunkt des Augustiner-Chorherrenstifts Dießen war. Der Hochaltar wurde von Francois Cuvilliés entworfen, die Decke von Johann Georg Bergmüller gemalt. Die Stuckaturen sind das Werk der Gebrüder Feichtmayr. Sehenswert sind auch die Altargemälde von Tiepolo und Pittoni sowie eine Petrusstatue des Erasmus Grasser.

Es gibt kaum einen Ort, an dem landschaftliche Schönheit, Religion, Kunst und Wirtschaft mehr vereint sind, als in Andechs. Der Ort wurde im Jahr 1080 erstmals erwähnt, und im Jahr 1128 fand die erste Wallfahrt zu einem Splitter aus der Dornenkrone Jesu statt, den der heilige Rasso zusammen mit anderen Reliquien aus dem Heiligen Land in die Andechser Burgkapelle gebracht hatte. Die verlorengegangenen Reliquien sind 1388 unter dem Altar der Kapelle wieder entdeckt wurden. Im Jahr 1392 wurde das Kloster erstmals urkundlich erwähnt, 1423 wurde eine

spätgotische Hallenkirche gebaut und die Wallfahrt blühte wieder auf. Die Verpflegung der zahlreichen Wallfahrer ließ das heutige Wirtschaftsgut der Abtei St. Bonifaz entstehen. Wegen seiner guten Küche und des geschätzten Bieres ist es zu einem ausgesprochen beliebten Ausflugsziel geworden.

Der Künstlermarkt, ein Open-Air-Festival am See und das Fischerstechen zählen zu den Veranstaltungs-Glanzlichtern in Seeshaupt.

Tutzing feiert im Fünfjahresrhythmus die prunkvolle Fischerhochzeit und jährlich das traditionelle Fischerstechen. In der Evangelischen Akademie und der Akademie für politische Bildung finden regelmäßig hochrangig besetzte Veranstaltungen statt und auf dem Museumsschiff kann man an verschiedenen Kulturveranstaltungen teilnehmen.

Gabriele Münter erwarb im Jahr 1909 in Murnau ein Haus, in dem sie

Das Bauernhofmuseum Jexhof.

sich oft zusammen mit Wassily Kandinsky aufhielt. Dieses Haus wurde damals „Russenhaus" genannt, heute ist es als Münterhaus bekannt und dem Wunsch von Gabriele Münter entsprechend als Museum eingerichtet. Es spielte eine herausragende Rolle in der Geschichte der Blauen Reiter und wurde oft zu einem Treffpunkt der Avantgarde.

Seit seiner Gründung im Jahr 1986 widmet sich das Franz-Marc-Museum in Kochel dem Werk des großen Malers. Auf einer Ausstellungsfläche von insgesamt 700 Quadratmetern finden jährliche Wechselausstellungen statt.

Sport und Freizeit
Wassersport in allen Varianten, vornehmlich Segel- und Regattasport, aber auch die Seenschifffahrt mit ihrer weiß-blauen Flotte, großartige Golfplätze im Umfeld der Seen, zahlreiche, allgemein zugängliche Erholungsgebiete mit kilometerlangen Stränden; eine Fülle von Wanderwegen und beschaulichen Uferpromenaden, 23 Nordic-Walking-Routen und vieles mehr sorgen für ein reichhaltiges Angebot an Freizeit- und Erholungsmöglichkeiten für Urlaubsgäste und Tagesausflügler. Und in Penzberg gibt es sogar einen kleinen Barfuß-Wanderweg.

Baden im Starnberger See mit einer Mandarinenentenfamilie.

TOURISMUS-INFO

Der Ammersee bei Buch.

Tourismusverband Starnberger Fünf-Seen-Land
Wittelsbacher Str. 2c
D-82319 Starnberg
Tel.: +49 (0) 8151/90 600
www.sta5.de

Tourismusgemeinschaft Das Blaue Land
Geschäftsstelle
c/o Tourist-Information Murnau

Kohlgruber Str. 1
82418 Murnau a. Staffelsee
Tel.: +49 (0) 8841 6141-0 oder -11
www.dasblaueland.de

Tourismusverband Pfaffenwinkel
Bauerngasse 5
D-96956 Schongau
Tel.: +49 (0) 88 61-211 3200
www.pfaffen-winkel.de

BAHN UND BUS

Viele Ausgangspunkte sind mit Bahn, S-Bahn oder Bussen zu erreichen. Allerdings fahren etliche Busse, vor allem zu den kleineren Orten nur in relativ großen Zeitabständen.

Detaillierte Informationen findet man an folgenden Stellen:

Deutsche Bahn Fahrplanauskunft
Tel. 01806/996633
www.bahn.de

Regionalverkehr Oberbayern GmbH
Hirtenstr. 24
80335 München
Tel. 089/551640
www.rvo-bus.de

Münchner Verkehrs- und Tarifverbund GmbH (MVV)
Thierschstr. 2
80538 München
089/41424344
www.mvv-muenchen.de

Ⓔ unter 30 EUR ⒺⒺ 30 - 60 EUR ⒺⒺⒺ über 60 EUR
(pro Pers/DZ/incl. Frühstück)

Herrsching am Ammersee .... **Plz 82211, Tel. +49 (0) 8152**
Hotel Gasthof zur Post (ⒺⒺ), Andechsstraße 1, Tel. 39 62 70, www.post-herrsching.de
Privathotel Piushof (ⒺⒺⒺ), Schönbichlstraße 18, Tel. 9 68 20, www.piushof.de
Ammersee Hotel (ⒺⒺⒺ), Summerstraße 32, Tel. 9 68 70, www.ammersee-hotel.de
Sonnenhof Ferienwohnungen (ⒺⒺ), Summerstraße 23, Tel. 96 79 30,
    www.sonnenhof-herrsching.de
Ferienwohnungen Dreimäderlhaus (Ⓔ), Tel. 89 36

Königsdorf .... **Plz 82549, Tel. +49 (0) 8179**
Posthotel Hofherr (ⒺⒺⒺ), Hauptstraße 31, Tel. 50 90, www.posthotel-hofherr.de
Campingplatz Königsdorf am Bibisee (Ⓔ), Zum Lindenrain, Tel. +49 (0) 81 71 81 58 0,
    www.camping-koenigsdorf.de
Ferienwohnung Königsdorf (ⒺⒺ), Quellenweg 3, Tel. +49 (0) 151 23 37 41 47,
    www.fewo-königsdorf.de
Jugendsiedlung Hochland (Ⓔ-ⒺⒺ), Rothmühle 1, Tel. +49 (0) 80 41 7 69 80,
    www.jugendsiedlung-hochland.de

Münsing .... **Plz 82541, Tel. +49 (0) 8177**
Brombergerhof (Ⓔ-ⒺⒺ), Bachstraße 32, Tel. 84 03, www.brombergerhof-muensing.de
Gästehaus Kugelmühle (ⒺⒺ), Kugelmühlweg 4, Tel. 524, www.holzer-kugelmuehle.de
Ruhdorfer (Ⓔ), Luigenkam 1, Tel. 275
Vitalhof Doasahof (Ⓔ-ⒺⒺ), Attenkam 6, Tel. 9 21 24,
    www.bauernhofurlaub-starnbergersee.de
Biohotel Schlossgut Oberambach (ⒺⒺⒺ), Oberambach 1, Tel. 93 23

Murnau am Staffelsee .... **Plz 82418, Tel. +49 (0) 8841**
Alpenhof Murnau (ⒺⒺⒺ), Ramsachstraße 8, Tel. 49 10, www.alpenhof-murnau.com
Ferienwohnung Kroll (Ⓔ-ⒺⒺ), Lindenburgweg 3, Tel. 6 17 20
Ferienwohnung Heidi Müller (Ⓔ), An der Tränk 9, Tel. 9 98 92 42
Pferdehof Arnold (ⒺⒺ), Mühlhabing 4, Tel. 33 16, www.pferdehof-arnold.de
Hotel Griesbräu zu Murnau (ⒺⒺ), Obermarkt 37, Tel. 14 22, www.griesbraeu.de

Riegsee .... **Plz 82418, Tel. +49 (0) 8847**
Gasthof Post (Ⓔ-ⒺⒺ), Dorfstraße 26, Tel. 62 25, www.gasthof-post-aidling.de
Ferienwohnung Albrecht (ⒺⒺ), Leibersberg 7, Tel. 63 89, www.albrecht-riegsee.de
Haus Fischer am See (ⒺⒺ), Dorfstraße 17a, Tel. +49 (0) 88 41 62 50 30,
    www.fischer-riegsee.de
Meßmerhof (Ⓔ), Hofheimer Straße 10, Tel. +49 (0) 88 41 42 96, www.messmerhof.com
Bichlerhof (Ⓔ), Seestraße 2, Tel. +49 (0) 88 41 98 97,
    www.ferienwohnungen-riegsee.de
Campingplatz Riegsee (Ⓔ), Seestraße 21, Tel. +49 (0) 88 41 26 77,
    www.camping-riegsee.de

Blick über den Riegsee zu Aufacker und Hörnle

Starnberg ....Plz 82319, Tel. +49 (0) 8151
Hotel Seehof (€€€), Bahnhofplatz 6, Tel. 90 85 00, www.hotel-seehof-starnberg.de
Hotel Vier Jahreszeiten (€€€), Münchner Straße 17, Tel. 44 70 - 0,
   www.vier-jahreszeiten-starnberg.de
Gasthaus Georg Ludwig (€€), Ortsstraße 16, Tel. 34 45, georgludwig.jimdo.com
Hotel Fischerhaus Starnberg (€€), Achheimstraße 1, Tel. 9 05 50,
   www.hotel-fischerhaus-starnberg.de
Gästehaus Maria (€€), Schwaige 2, Tel. 97 15 66

Wildsteig ....Plz 82409, Tel. +49 (0) 8867
Bauernhof Bertl (€), Peustelsau 2, Tel. 17 11
Gästehaus Oswald Magdalena (€), Riedstraße 21, Tel. 10 02
Gästehaus Oswald Martin (€), Wiesweg 13, Tel. 370
Ferienhof zur Muselmühle (€€), Steingadener Straße 21, Tel. 9 132 96,
   www.ferienhof-utschneider.de
Gasthof Zum Strauß (€€), Riedstraße 16, Tel. 372, www.gasthof-zum-strauss.de
Landhotel & Gasthof Zur Post (€€), Kirchbergstraße 43, Tel. 86 09,
   www.gasthof-post-wildsteig.de

Innenansicht der Klosterkirche Rottenbuch.

REGISTER

IMPRESSUM

© KOMPASS-Karten, A-6020 Innsbruck (23.01)
1. Auflage 2023   Verlagsnummer 5433   ISBN 978-3-99121-799-2

....

Text und Fotos (soweit nicht anders angegeben): Siegfried Garnweidner

Titelbild: Ammersee (Foto: Siegfried Garnweidner)

Grafische Herstellung und
Wanderkartenausschnitte: © KOMPASS-Karten GmbH
Kartengrundlage für Gebietsübersichtskarte S. 10–11, U4:
© MairDumont, D-73751 Ostfildern 4

Alle Angaben und Routenbeschreibungen wurden nach bestem Wissen gemäß unserer derzeitigen Informationslage gemacht. Die Wanderungen wurden sehr sorgfältig ausgewählt und beschrieben, Schwierigkeiten werden im Text kurz angegeben. Es können jedoch Änderungen an Wegen und im aktuellen Naturzustand eintreten. Wanderer und alle Kartenbenützer müssen darauf achten, dass aufgrund ständiger Veränderungen die Wegzustände bezüglich Begehbarkeit sich nicht mit den Angaben in der Karte decken müssen. Bei der großen Fülle des bearbeiteten Materials sind daher vereinzelte Fehler und Unstimmigkeiten nicht vermeidbar. Die Verwendung dieses Führers erfolgt ausschließlich auf eigenes Risiko und auf eigene Gefahr, somit eigenverantwortlich. Eine Haftung für etwaige Unfälle oder Schäden jeder Art wird daher nicht übernommen. Für Berichtigungen und Verbesserungsvorschläge ist die Redaktion stets dankbar. Korrekturhinweise bitte an folgende Anschrift:

KOMPASS-Karten GmbH
Karl-Kapferer-Straße 5, A-6020 Innsbruck
www.kompass.de/service/kontakt